Rudolf Steiner

Geistige Hierarchien und
ihre Widerspiegelung in der physischen Welt

シュタイナー 霊的宇宙論

霊界のヒエラルキアと物質界におけるその反映

ルドルフ・シュタイナー
高橋 巖［訳］

春秋社

シュタイナー　霊的宇宙論◎目次

シュタイナー　**霊的宇宙論**――霊界のヒエラルキアと物質界におけるその反映

本文中、＊を付した語については、各章末に訳注を載せた。

第一講　叡智の公開

（一九〇九年四月一二日午前）

超感覚的な認識能力

この連続講義は、私たちを高次の霊的生活へ導いてくれるでしょう。私たちを地球という居住地から遠く離れた宇宙空間へ導いていくだけでなく、その物質界の宇宙空間を生み出した霊界の中にまで導いてくれるでしょう。

このような連続講義を行なう意図は、そもそも、すべての知識、すべての叡智は、謎の中の最大の謎である「人間」という謎を解くためにある、ということを明らかにするためです。実際、人間の謎を解くためには、問題をはるか彼方の領域から取り出してこなければならないのです。

もちろんこの連続講義の意図を追究するには、神智学の基礎概念のいくつかを身につけていなければなりませんが、ここにいらっしゃる皆さんには、わざわざ言うまでもないことかもしれません。ですからこの講義では、一度、思い切り高いところにまで精神の飛翔を試みたいのです。そしてそのためにも、はるか彼方の領域から取り出してきた問題を、可能な限り理解できるものにするように、努めたいと思っています。

さて、「霊界のヒエラルキア」について語るということは、私たちの魂の眼で、地上の人間を超えたところに存在する本性たちを仰ぎ見る、ということです。私たちの肉眼で捉えることができるのは、鉱物界、植物界、動物界、人間界という四段階の諸存在に限られますが、不可視的な諸存在の領域は、その人間界をさらに超えたところから始まります。地上に見出せるこの四段階に続く、不可視的、超感覚的な世界の諸存在に眼を向けるには、超感覚的な認識能力が必要です。

この認識能力は、周知の通り、現代に始まるものではありません。超感覚的な認識能力の対象である「根源の宇宙叡智」のことは、古来常に知られておりました。人間が科学によって探求し、概念化し、理念化してきたものも、見霊能力である霊視と霊聴と霊的合一*とによって獲得されるものも、人間の認識内容はすべて、人間よりも高次の存在たちがあらかじめ経験してきたことを、あとになって人間が追体験したものです。卑近な例で言えば、時計の製作者は、まずはじめに、時計についての思考内容をもちます。それからその内容に従って時計が製作されます。誰かが、あとになって、その時計を分解し、その構造をしらべることができるのは、時計が製作者の思考内容に従って作られているからです。その場合の誰かは、時計の製作者の思考内容を追体験しているのです。

現代の進化段階における人間も、高次の存在たちの行使する「根源の宇宙叡智」を、ひたすら追体験しようとしています。高次の存在たちは、あらかじめ霊視、霊聴、霊的合一を通して根源の宇宙叡智を把握し、その叡智の生み出す思考内容をもとに、私たちの周囲の物質世界を創りました。そして今、ふたたびその思考内容を見つけ出そうと努めるなら、それによって私たちは、見霊能力を獲得できるようになります。霊視、霊聴、霊的合一を体験し、霊界に参入できるようになります。

古代における「根源の宇宙叡智」の現れ

私たちの世界が存在する以前に、根源の宇宙叡智は、超感覚的な世界で、宇宙の青写真をあらかじめ作成しました。この青写真を、人間は自分の思考を通して、あとから知ることができました。アトランティス期*のあとの第一後アトランティス期*においては、まず七聖仙*がそれを知ることができました。

しかし、根源の宇宙叡智が、当時の聖仙たちの眼の前にどのような姿をとって現れたのか、今日の人間には想像することさえ困難です。なぜなら、インドの聖仙たちが第一後アトランティス期の人間に教えを垂れていたときから今日に到るまでに、人間の感じ方も考え方も、非常に変化してしまったからです。ですから仮に、聖仙たちの口から発せられた言葉が今日の人間に理解できたとしても、語られた意味内容に関しては、たわごととしか思えなかったでしょう。

第一後アトランティス期の人間の把握した叡智を本当に理解するためには、今日の人間のもっている感じ方、考え方ではだめなのです。今日まで伝えられてきた、根源の宇宙叡智についてのどんなにすぐれた書物も、この宇宙叡智そのもののかすかな残映にすぎず、多くの点で曇らされ、曖昧にされているのです。「ヴェーダ」も「ゾロアスター聖歌」も古代エジプトの叡智も、それらがどんなに崇高で美しく、立派であり、そしてどんなに讃美しても讃美しきれないほどのものであるとしても、それらに記された一切は、ヘルメスやゾロアスターや聖仙たちの偉大な叡智を曖昧にぼやかしているにすぎないのです。

キリスト出現と叡智の封印

とはいえ、崇高な叡智は、書物によることなく保持されつづけてきました。その叡智は特定の狭い範囲内で、聖なる秘密の教えとして、大切に守られてきました。インド、ペルシア、エジプト、カルデアの秘儀、キリストの秘儀その他の中で、今日に到るまで、人間の知りえた根源の宇宙叡智のすべてが保たれつづけたのです。ごく最近まで、書物によって伝えられた叡智ではなく、「生きた叡智」を知ることは、極めて狭い範囲内に限られた秘儀の場においてのみ可能でした。この連続講義の中で明らかにするつもりですが、一定の理由から、これまで狭い範囲内に保持されてきた「生きた叡智」を、より多くの人びとに伝えるべき時代が今来ているのです。

根源の宇宙叡智は、今日でも決して涸れてはいません。それは、これまでも、歴史時代の発端から、いわば青春の泉を通して、何度でも若返ってきたのです。インドの聖仙たちの聖なる叡智は、ゾロアスターとその弟子たち、カルデアやエジプトの導師たちによって継承され、さらにモーセのお告げの中に流れ、そしていわば青春の泉の中からまったく新しい衝動を伴って、キリストの地上出現となって現れました。キリストの出現によって、この叡智は深められ、内的になり、そして次第に、人びとの心の中に浸透するようになりました。キリストを通して、徐々にではありますが、この叡智が眼に見える形をとって、人びとの中に流れ込んだのです。

キリストによる神の福音は、聖仙たちの叡智の新しい形姿なのです。福音書の中にも、他のキリスト教文献の中にも、この叡智が存在しています。青春の泉の中で甦って存在しているのです。けれども福音は、キリスト教の現れた、その最初の時期には、どのように理解されたのでしょうか。

福音書を理解できたのは、ごくわずかな人びとでした。福音書は、一方ではより広範囲に普及していきましたが、他方では多くの点でますます理解困難になっていきました。そして現在、福音書は、人類社会のほとんどいたるところで、封印された書になっています。その封印が解かれるのは、人びとが根源の宇宙叡智で生命を甦らせることができたときでしょう。キリストの啓示という蔵に収められ、保持されつづけた財宝は、もとは東方の叡智に他ならなかったのですが、新しい時代に新しい衝動となってふたたび甦るのです。

はじめ、この財宝は狭いサークルの中で保持されました。たとえば聖杯（グラール）兄弟団や薔薇十字会のような秘儀結社によって継承されました。叡智の財宝を得たのは、生きた真理を得ようと、きびしい修行を重ねてきた人たちだけでした。ですから東方と西方の叡智の財宝は、西暦紀元以後、何世紀経っても一般大衆の手には届きませんでした。個々の場合には、そこここで秘密が開示されましたが、一般には、近代においても秘儀の秘密でありつづけたのです。

「ジャンの書」

しかし今、根源の宇宙叡智の内容について、一般の人にも理解できる言葉で語ることの許される時代が来ました。根源の宇宙叡智について多かれ少なかれ率直に語れるようになったのは、十九世紀の七十年代以降のことです。特定の状況が霊界に生じたからなのです。この時から、根源の宇宙叡智を幾分なりとも外に漏らすことが、秘儀の守護者に許されたのです。

皆さんは神智学運動の発展経過を御存知だと思います。秘密を封印していた氷は、いわゆる「ジャンの書」[*]によって砕かれたのです。

実際、ブラヴァツキー夫人の『神秘教義』における「ジャンの書」は、この上なく深い叡智を含んでいます。聖仙によって伝えられた東方の叡智の多くを含んでいますが、西方、ヨーロッパにおけるキリストによる叡智の若返りをも含んでいます。「ジャンの書」に含まれているのは、東方で保持されてきた叡智だけではなく、西暦紀元以後の諸世紀を通じ、中世を通じて、西方の神秘学派の明るい光に照らされた叡智でもあるのです。「ジャンの書」に含まれているその深い内容の多くは、次第に理解されるようになるでしょう。神智学運動の広範囲な層の中では、今日でもまだ理解されていない叡智が、「ジャンの書」の中に含まれています。その叡智を時代の深みから汲み上げる作業は、今日の顕教的な手段をもってしては不可能です。世界根拠を明るみに出す作業は、どんな顕教*的な立場にも許されていません。

東西のオカルティズム

このようにして、いわば氷が砕かれたあとで、西方のオカルティズムを語ることのできる時代が到来しました。とはいえ、西方のオカルティズムとは、東方のオカルティズムのことに他なりません。同じオカルティズムが、途切れることなく、太古の時代から受け継がれてきたのです。今日では「薔薇十字会のオカルティズム」についても、語ることができます。西方のオカルティズムの中に流入しなかった東方の叡智はありませんし、薔薇十字会の教えの中には、それまで東方の偉大な賢者たちが保持してきたすべてが残りなく見出せるのです。東方の叡智によって知りうることは、西方の叡智によっても知りうるのです。両者の間に相違があるとすれば、その相違は、西方の叡智が東方のすべての教義、すべての叡智、すべての認識を残りなく学びとらねばならず、そして何ひとつ失うことなく、キリスト衝動*が人類の中に点火した光でそれを照らし出さねばならない、という課題をもっていることにあります。ですから西方のオカルティズムについて語る誰かが、そこには東方のオカルティズムのあれこれの部分が、たとえそれがどんなに僅かなものであっても、欠けている、と思う必要はないのです。西方のオカルティズムは、或る意味では、「西方の隠れた聖仙たち」に由来する、とも言えるのです。もちろん、その姿は眼には見えませんけれども。いずれにせよ、西方のオカルティズムは、キリスト衝動という青春の泉で、すべてを新しく甦らさなければなりません。

聖仙たちの口から初めて語られた偉大なる叡智のすべては、今ふたたび「霊界のヒエラルキアと物質界におけるその反映」についてのこの連続講義の中で、語られねばなりません。古代のユークリッドの幾何学が、現代の新しい知性で教えられ、学ばれたときも、それによってかつての内容を変えることがないように、私たちが聖仙たちの叡智を、キリスト衝動によって燃え上がった能力で教えたり学んだりしたときも、それによって叡智の内容が別のものになることはありません。私たちが霊界について語る事柄は、東方の叡智なのです。この点の誤解は許されません。しかもそのような誤解はいたるところに見られます。

仏陀の教えとキリストの福音

誤解を解こうとするのでなければ、たとえば昨日のイースター祭での講演*で述べた事柄は、容易に誤解されてしまうでしょう。私たちが互いに理解し合えるように、こんなことを申し上げるのですが、内容を十分に理解しようと思わない人は、昨日の講演を聴いて、次のように言うかも知れません。――「お前は語った。仏陀は人生の聖なる真理として、人生苦の秘密を明らかにした、と。生誕は苦であり、病気は苦であり、老化は苦であり、死は苦である。愛するものと結ばれないのは苦であり、欲するものを得られないのは苦である、と。そしてさらにお前は語った。キリストの出現以来可能となったキリスト衝動の理解と体験を通して、人生苦についての仏陀の古い聖なる真理は、もはや完全には妥当しなくなる。キリスト衝動は、人生苦に対する治療手段となる、と」

「仏陀は、生まれることは苦しみだ、と教えた。しかしキリストを理解する者は、生まれることを通して、キリストと同じ人生を生きる。キリストと運命を共にすることで、人生の苦しみは解消され、キリスト衝動の治癒力で、病気は癒される。病気はキリストの理解者にとっては、もはや苦しみではない。死はキリストの理解者にとって、もはや苦しみではない。そうお前は語った」

「ところが、一方でお前は、福音書の中には仏陀の経典と同じ言葉がある、と語った。お前の言うところによれば、福音書の中にも、生きることは苦しみであり、病気は苦しみである、という言葉がある。だからこの新しい宗教書の内容はすでに仏教の中に見られる。だから諸宗教には進歩、発展はなく、すべての宗教は同じ内容をもっている。それなのにお前は、進歩について語り、仏教の古い真理がキリスト教によってもはや妥当しなくなった、とも述べている。一体どちらが本当なのか」

このような問いかけをする人は、ひどい誤解をしているのです。なぜなら、そんな結論づけなどしていないからです。私はそういうことをすべて申し上げましたが、最後の結論を述べたおぼえはありません。高次の領域においては、まったく厳密に理解しようとすることが大切です。狂信者は厳密な理解をすることができません。客観的な人だけが厳密に理解できるのです。

何事かが偉大な仏陀の経典の内容によって克服されねばならないとか、偉大な仏陀の経典の中の何事かがもはや真理ではないとか、そういうことを薔薇十字会の叡智の源泉から語ることは決してありえません。薔薇十字会の源泉から語る人は、仏陀も、東方の叡智のすべてとも、確信を共にします。そのどれをも否定しません。その人は次のように言うのです。――「偉大なる仏陀が人生の苦しみについての偉大な真実を、内なる悟りを通して諦観したことは、すべて真実である。最後の一点一画にいたるまで真実である。何ひとつ例外はない。すべてその通りだ。すべてがその[illegible]りだからこそ、誕生が苦であり、病気が苦であり、老化が苦であり、死が苦であるからこそ、キリスト衝動が私たちにとって力強く、偉大なる救済手段になる。どんな偉大な衝動も、世界をそこから引き上げてはくれず、苦悩が存在しつづけていることが真実であるからこそ、キリストはこの苦しみを止揚する存在なのだ」

なぜキリストは地上で福音を語ったのでしょうか。なぜなら仏陀が真実を語ったからです。根源の宇宙叡智が純粋に働いている霊界の高みから、人類は地上に下降するように導かれました。独立した自由な存在になるために、人類は物質界で生きるように導かれねばなりませんでした。そしてそれと共に、人生は苦となり、病気は苦となったのです。しかしそれと同様に、この不可避の現実に対する偉大な救済手段が、進化発展の過程で生じなければなりませんでした。「確かにこの世の現実について言われたことは真実だ。しかしこの真実を通して表現されている事柄を、健全な方向に発展させるための救済手段もまた私たちに与えられている」――そう語る人は、一体何らかの現実を否定しようとしているでしょうか。そんなことはありません。私たちがこれから探求しようとする霊界のヒエラルキアにおいては、仏教対キリスト教、キリスト教対仏教という対立は存在しません。仏陀はキリストに、キリストは仏陀に手をさしのべています。しかし人類の進化を否定することは、私たち地上の進化におけるキリストの救済行為を否定することです。

ですから東方の叡智を否定せねばならぬような宗教行為は、どこにも存在しません。東方の叡智は、長い期間にわたって、聖仙たちの叡智である根源の宇宙叡智を地上にもたらしました。しかし、叡智が人類に流れつづけたこの長い長い過程の中で、人類大衆は聖なる秘儀の源泉にまで到ることができなくなり、叡智の宝を理解することができなくなり、この宝を受けとることができなくなったのです。

霊眼と肉眼

皆さん、大破局を迎える以前のアトランティス期までの人類大衆は、太古の暗い見霊能力をもって天を見上げ、霊界のヒエラルキアを直観しました。その頃の人びとは、後アトランティス期の人びととは別様な見方をしていました。天空を肉眼で見ただけではなかったのです。アトランティス大破局以前においては、今日の天文学が教えるような仕方で天体について語ることはまったくのナンセンスでした。人間は霊眼によって天を見たのです。そして天とは霊界のことだったのです。ですから今日の意味での水星、海王星、土星などを問題にしたのではありませんせん。私たちの天文学が宇宙空間について語るときには、眼で見る限りでの内容を語っていますが、そのような内容は、アトランティス期の見霊能力をもった人びとにとっては、まったく存在していませんでした。当時の人びとが天を見上げたとき、物質的に区別された、一つひとつの星の光を見たのではありません。今日の人びとが肉眼を通して見るものは、当時の人びとが見た霊的なものの外側にすぎません。望遠鏡を通して木星を観測する人の眼は、衛星に取りまかれた物質体としての木星を見ます。アトランティス期の人びととの霊眼が今日の人びとの見る木星の方向を見たとしたら、そこには何があったのでしょうか。

今日の人が肉眼で見る星を、アトランティス人の眼が見ることはなかったでしょう。ちょうど私たちの眼が秋の深い霧の中で、燈火の一つひとつを見分けることがないようにです。燈火のまわりには霧のオーラが現れて、光源はそれを取りまく多彩な環の中に消えています。同様にアトランティス人の眼は木星という物質体を見なかったでしょう。しかし今日の人間には見ることができない木星のオーラを見ていました。このオーラは、物質体としての木星を可能にしているところの霊的存在たちの全体なのです。

そのように、アトランティス破局以前の人間は、宇宙空間のいたるところに霊的なものを霊視していました。そしてこの霊的なものについてのみ、語ることができました。なぜなら、今日のようには肉眼が開かれていなかったその当時、物質体としての天体については語りようがなかったからです。人びとは宇宙空間に眼を向け、そして霊界のヒエラルキアを見ていたのです。人びとが見たのは霊たちだったのです。

その後の進化の状況は、ちょうど次のようでした。私たちが深い霧の中へさまよい込んだとします。燈火の一つひとつを見ることはできません。すべてが霧のオーラに包み込まれています。しかしそのあと霧が晴れますと、一つひとつの燈火が物質体として見えてきます。しかしオーラは見えなくなります。

太古の人びとは、木星のオーラを見、そのオーラの中に霊的存在たちを見ていたのです。その存在たちは、木星に属している霊たちでした。人類は、その後、物質を見る力を発達させましたので、オーラはオーラでありつづけたのですが、人びとはもはやそれを見ることができず、物質体だけがはっきりと現れてきたのです。そこに属している霊的なものは、見失われました。物体だけが見えるようになりました。霊的なものについての知識、天体を取りまく存在たちについての知識は、聖なる秘儀の中でのみ保持されつづけました。聖仙たちは、この知識について語ったのです。人びとがすでに物質しか見なくなった時代に、聖仙たちは諸天体の霊的オーラについて、霊的居住者たちについて語ったのです。

当時の状況を考えてみると、秘儀の場では、天体を取りまく霊的存在たちについて語られ、秘儀の外では、感覚の眼がますます鋭くなった人びとによって、固まった物質存在について語られました。聖仙たちが仮に「水星」という言葉を使ったとしても、彼らはこの言葉で物質的な天体のことを言おうとしたのではありません。古代ギリシア人も「水星」という言葉で、物質体としての天体のことではなく、この天体を取りまく霊的存在たち全体のことを言おうとしたのです。「認識の学堂*」で語られた「水星」とは、霊界のことであり、霊的存在たちのことでした。認識の学堂の導師の下で学ぶ人びとが、それぞれの言語で、月、水星、金星、太陽、火星、木星、土星と言うとき、霊的存在たちの位階のことが指示されていたのです。今日の意味での諸天体は、そのような霊的存在たちのもっとも外的な側面を示しているにすぎず、主要な内容を示してはいないのです。古代の秘儀の導師が「月」という言葉で天空の月の位置を指し示すとき、「そこが霊的ヒエラルキアの底辺なのだ」という意味だったのです。

一方、ますます感覚的になっていった人類大衆は、天空に見える月の物質体を「月」と呼びました。「月」というひとつの言葉で、もちろん互いに関連しているにしても、まったく相違した二つの事柄が語られてきたのです。水星、太陽、火星などについても、同じことが言えます。霊的な立場は、物質的な立場とはまったく異なる内容を、同じ言葉で指示していたのです。

この二つの立場は、時代が経つにつれて、ますます別の道を辿りました。秘儀の場においては、今日、物質上の天体を指示しているこれらの言葉で、常に霊的な世界を、霊的な世界の位階のことを語っていました。一般社会では、近代天文学と称する今日の神話に到るまで、常にこれらの言葉で物質体のことを語ってきました。

神智学はすべての神話の価値を十分に評価してきました。ですから近代天文学という神話をも評価するにやぶさかではありません。しかしこの近代神話は、霊的な認識の立場から見れば、まさに神話以上のものではありません。古代ヨーロッパの居住者たちが神々や星々や宇宙について語り継いできた伝承、ギリシア人やローマ人の神話、中世のやや混沌とした神話、それらの神話からあのまったく賞讃に価するコペルニクス、ケプラー、ガリレオの打ち立てた近代神話へは、一直線の道が通っているのです。この近代神話について次のように語る時代が、いつか来るでしょう。――「昔、人びとは物質的な太陽を楕円の一方の焦点に位置づけることを正しいと思っていた。そして諸惑星は楕円の軌道上を回転しながら運行するというのだ。その当時の人びとは、それ以前の人びとと同じように、正しいと信じた宇宙観を打ち立てたのだが、現在ではそのすべてが伝説や昔話になっている」

現代人がどんなに昔の神話を軽蔑して、今の立場の正しさを信じていようとも、そしてコペルニクスの立場を神話だとは思っていなくても、そのように語る時代が必ず来るでしょう。いずれにしても、人びとは同じ言葉の下に、異なる内容を理解していたのです。

インドの七聖仙とディオニュシウス・アレオパギタ

それにもかかわらず、根源の宇宙叡智は絶えることなく継承されてきました。ただ顕教の立場からは、この叡智がますます理解できなくなりました。顕教の立場は、唯物的な解釈に傾き、霊視する能力を失ってしまったのです。だからこそ、すでに西暦紀元初めの頃には、人びとに

天使……………………………月
大天使…………………………水星
アルヒァイ（人格霊）…………金星
エクスシアイ（形態霊）………太陽
デュナメイス（運動霊）………火星
キュリオテテス（叡智霊）……木星
トローネ（意志霊）……………土星

根源的な霊的叡智との結びつきを失わせないために、物質だけが見えるところにも霊が存在している、と明言しなければならなくなったのです。根源の宇宙叡智を甦らせるためにです。そのために使徒パウロの信頼をもっとも受けていた弟子ディオニュシウス・アレオパギタ*は、アテネで、外なる世界には物質だけではなく、霊的な存在もおり、人間の魂が予感をこめて天空を見上げれば、人間よりも高次の進化を遂げた存在たちに出会える、とはっきり語ったのです。

　彼はその際、星ではなく、別の名称を用いました。もし従来の言葉を用いたら、誰も物質のことしか考えようとしないからです。聖仙たちは、霊界のヒエラルキアについて語り、それをギリシアやローマの叡智と同じく、月、水星、火星、金星、木星、土星と呼びました。使徒パウロの弟子ディオニュシウスも、聖仙たちとまったく同じ世界を見ていましたが、必ず霊的に受けとめてもらえるようにと、それを天使、大天使、アルヒァイ、エクスシアイ、デュナメイス、キュリオテテス、トローネ、ケルビーム、セラフィームという言葉で語りました*。

　人びとが、ディオニュシウス・アレオパギタと聖仙たちの見た事柄を互いに関連させて理解できたなら、一方の「月」と他方の「天使」とが同じものだということに気がつくでしょう。水星と大天使、アルヒァイと金星が同じものだと思えるでしょう。太陽とエクスシアイ、火星とデュナメイス、木星とキュリオテテス、土星とトローネにも、同じことが言えます。

しかし一般社会の人びとは、こういう霊的認識から疎外されてしまいました。学問はますます物質的な方向へ向かい、かつては霊的なものを意味した星々の名前をも、物質的なものだけにあてはめるようになりました。そしてその一方で、大天使・天使などによって与えられた霊的な生活は、物質的なものとの結びつきを失ってしまいました。そのような分裂状況の中で、根源の宇宙叡智は、パウロがディオニュシウスを通して設立した学堂に働きかけ、この新しい学堂が太古の霊性を甦らせることができるようにしたのです。

神智学の課題

近代霊学である「神智学*」の課題は、物質的なものと霊的なもの、地上の世界と霊的ヒエラルキアとの間を結びつけることです。外的な感覚世界についての私たちの通念が何に由来するのかを知らない限り、知識の霊的な側面を認識することも不可能なのです。

神智学のこの課題と観点は、根源の宇宙叡智から生み出された書物の読み方にも、見てとることができます。そのような書物は、たとえ根源の宇宙叡智をかすかな余韻としてしか残していなくても、まさにこの叡智からしか理解できないのです。

たとえば『バガヴァッド・ギーター』*という神歌の一節を取りあげてみましょう。人間生活とヒエラルキアとの関連を意味深く語っている第八章の二十三節から始まる箇所です。――「真実を追求する人よ。お前に次のことを教えよう。神のように崇高なものたちが死の門を通って行くとき、ふたたび生まれ変わるにせよ、生まれ変わらぬにせよ、どのような状態になるのかを教えよう。火を、昼を、上弦の月の時期を、太陽が高みに立つ半年を見なさい。その時期に死ぬものたち、火において、昼において、上弦の月の時期において、中天に輝く太陽の時期において死ぬものたちは、死の門を通って主神ブラフマに到る。しかし煙において、夜において、下弦の月において、太陽が低い位置にいる半年において死の門を通るものたちは、月の光の中に入り、そしてふたたびこの世に戻ってくる」

皆さん、『バガヴァッド・ギーター』のこの一節によれば、人間の進化の仕方、生まれ変わる仕方は、光の下に、昼に、上弦の月の時期に、太陽が中天高く輝く半年に死ぬのか、それとも煙の下に、夜に、下弦の月の時期に、太陽が低いところにいる時期に死ぬのかによって左右される、というのです。そして火の下に、昼に、上弦の月の時期に、太陽が中天高く輝くときに死の門を通過する人は、ふたたび地上に戻ってくる必要がなく、一方煙の下に、夜に、下弦の月の時期に、または太陽が低いところにある半年間に死ぬものは、主神ブラフマの高みにまで達することができず、月の高さにまで到ると、ふたたび地上に戻ってこなければならない、というのです。これは東洋の神歌の中の一節です。この言葉は顕教的、物質的な観点から、これを理解しようとするほとんどすべての人を、この上ない困難に陥れてしまいます。この一節を理解するためには、それを霊的な認識の光に照らして見なければなりません。なぜなら、これが書かれたのは、そのような光を通してなのだからです。

神秘の学堂の学問を照らした霊的な認識の光は、キリスト教を通して、今甦ることができました。この一節は、月＝天使、水星＝大天使、金星＝時代霊等々の結びつきを教えているのです。このような一節を理解するには、それを古代の霊的な光の中において見なければなりません。この神歌の一節を理解するのは、顕教の立場からは不可能です。今晩、それを理解する鍵を見出そうと思います。そしてその後で、霊的ヒエラルキアの問題に向かおうと思います。

［訳注］

＊霊視と霊聴と霊的合一——内的にヴィジョンを体験する霊視、内的に音、言葉、意味を体験する霊聴、霊的存在との一体感を体験する霊的合一の三つが、シュタイナーの言う霊的体験の内実である。

＊アトランティス期――シュタイナーの言う「地球紀」は、七つの進化期から成り、⑴ポラール期、⑵ヒュペルボレイオス期、⑶レムリア期、⑷アトランティス期、⑸現在の後アトランティス期に到っている。（『アカシャ年代記』参照）

＊第一後アトランティス期――後アトランティス期も五つの進化段階に区別され、第一後アトランティス期は古インド文化期、第二は古ペルシア期、第三はエジプト＝カルデア期、第四はギリシア＝ラテン期、第五は十五世紀以降の現代とされている。

＊七聖仙――古インド文化期を指導した七人の秘儀参入者。聖仙（リシ）は『マハーバーラタ』や仏典に出てくる仙人のことで、身体が黄金色に輝くので金仙とも言う。

＊「ジャンの書」――『神秘教義』（一八九三年）の中で初めて取り上げられた埋蔵経のこと。

＊顕教――神秘学では根源の宇宙叡智に由来する教えを秘教（エソテリズム）、従来の公開されてきた教えを顕教（エクソテリズム）と呼んで区別する。

＊キリスト衝動――シュタイナーの人智学の基本用語。宇宙的な愛の衝動を言う。

＊昨日のイースター祭での講演――一九〇九年四月十一日のケルンでの講演「ゴルゴタの出来事、聖杯兄弟団、霊化された火」のこと。

＊認識の学堂――秘儀が伝授される場のこと

＊ディオニュシウス・アレオパギタ――「使徒行伝」十七章に出てくるアテネ人の名。彼の名で五世

紀に「ヒエラルキア論」が世に出た。

＊アルヒァイ……セラフィーム――アルヒァイ、エクスシアイ、デュナメイス、キュリオテテス、トローネはギリシア語の複数形で、それぞれ「原初」「権能」「力動」「主」「玉座」の意。ケルビームとセラフィームはヘブライ語の複数形で、「翼」「蛇」の意。

＊神智学――この言葉は、ベーメ、スウェーデンボルイによっても用いられたが、ブラヴァツキー夫人によって新しい意味づけが与えられ、二十世紀の思想に大きな影響を与えた。

＊『バガヴァッド・ギーター』――古代インドの叙事詩『マハーバーラタ』第六巻に収められた宗教詩。ヒンドゥー教の聖典。

第二講　四大存在

（一九〇九年四月一二日夜）

火の霊的意味

第一後アトランティス文化期の聖仙たちが語った教えは、存在を霊的な源泉にまで遡り、すべての自然過程の中に霊の働きを認識する教えでした。

そもそも私たちは、日常いつでも霊的存在に取りまかれています。すべての物質存在は、霊的な事実を表わしており、物質とは霊的な存在の外皮にすぎないのです。

さて、今述べた太古の聖なる教えが、人間を取りまく環境世界の諸現象について語るときには、常に「火」が主要な自然現象でした。東洋の教えによれば、地上の諸事物の中心には、常に「火」が存在していました。この「火」についての太古の、しかし今日でもまったく有効な教えを正しく理解しようとするなら、火の現象を自然の他の諸現象と比較してみなければなりません。

物質界はすべて、いわゆる「四大」に還元されます。近代の唯物科学は、もちろん四大については語りません。ご承知のように、四大とは地・水・風・火のことです。霊的な見方が行なわれていた当時、「地」とは物質の固体状態のことでした。すべての固まった物質は、霊的には「地」と呼ばれました。ですから固い地面も、一片の水晶も、金や鉛も「地」と呼ばれました。同時に今日の水だけでなく、すべての流動物は「水」だったのです。ですから熱せられた鉄が溶けて流れますと、霊的には、「水」になります。液体状のすべての金属は、「水」と呼ばれました。今日、気体と呼ばれるすべては、いかなる素材であろうとも、炭酸ガスも水素ガスも、すべて「風」と呼ばれました。

そして第四の要素である「火」が問題になります。今日の自然科学では、火はいかなる物体でもありません。それは物質の単なる運動状態です。しかし霊的な立場では、熱または「火」を、「風」または空気よりも、さらに精妙な物質だと考えます。「地」または固体が流動物に変わるように、気体状のものは「火」の状態に変わる、と考えるのです。そのような「火」は、精妙な要素として、他のすべての要素に浸透しています。「火」が「風」に浸透しますと、風が暖かくなります。「水」や「地」についても同様です。ですから、他の三つの元素が区別されうるのに対して、「火」という元素はすべてに浸透するのです。

さて、太古の霊的認識も、近代の霊的認識も、地・水・風と火または熱との間に重要な違いを見ています。地は、どうすれば知覚できるでしょうか。触れることによってです。触れて、抵抗を受けるとき、私たちは固い何かを知覚します。水の場合にも同じことが言えます。抵抗はそれほど大きくはありませんが、やはり外側に抵抗するものが知覚できます。そして風についてもそう言えます。風もまた、外から知覚できます。

しかし火の場合は、外から触れなくても、その存在を知覚することができるのです。

今日の世界観はこのことを重要視していませんが、存在の謎に本当に向き合おうとするなら、このことが重要になるのです。確かに、或る物体に外から触れたときにも、特定の熱を知覚することができます。他の三つの元素と同じように、熱を外から知覚することができます。しかし私たちはその同じ熱を、私たち自身の内的な状態においても感じとることができるのです。ですから、すでにインドの古代科学は、次のように述べていました。――地、水、風は外界においてのみ知覚される。火は内的にも知覚されうる最初の元素である、と。

火または熱は、二つの側面をもっています。外から知覚できる外的な側面と、自らの内部に感じられる内的な側面とです。暑かったり、寒かったりするとき、私たちは内部に熱の状態を感じとります。ところが風や水や地を、私たちはあまり内部には実感しません。熱元素だけが、内的な側面と外的な側面とをもっているのです。ですから、古代科学も新しい神智学も、「火において、物質は魂になりはじめる」と語るのです。火には、物質的な火と魂的な火とがある、と語るのです。

この意味で、神智学にとって、火は常に、外なる物質と内なる魂との間の橋でした。火がすべての自然考察の中心にあるというのは、それが外から内へ通じる門だからなのです。本当に火は通路であり、扉なのです。私たちはその前に立ち、外からそれを眺め、それを開き、それを内からも見ることができます。これが火という自然現象の特徴なのです。

私たちが外なる対象に触れますと、他の三元素同様に、外なる火を知覚することができます。しかし内なる熱は、自分自身に属するものと感じられます。この門の内側は、魂の世界なのです。火の科学は、魂と物質とを関連づけることができるのです。

これが、これから取り上げようとする基本的な人間叡智の第一課です。そしてこの課は次のような課題を提示します。――「炎に燃える対象を見るとき、そこに二種類のものを見なければならない」

煙と光

かつてこの二種類のもののひとつは「煙」、もうひとつは「光」と呼ばれました。今日でもそう呼べるかもしれません。或る対象が燃えるとき、二つの自然現象が現れるのです。一方で明るい火が、他方では暗い煙がです。ですから神智学者は、火または熱を、光と煙の中間にあると考え、そして「燃える炎から、光と煙が生まれる」と語ったのです。

そこで、私たちは今、火から生じた光に関して、非常に単純な、しかし応用範囲の広い問題を取りあげなければなりません。皆さんは、光を見たことがあるでしょうか。もしも「はい」と答えるなら、その答えは間違っています。なぜなら、肉眼で光を見ることはできないからです。「光を見る」という言い方は間違っています。私たちはただ、光を通して、固体か液体か気体かである対象を見るのです。光そのものを見るのではないのです。

宇宙空間全体が光に包まれており、その光源が私たちの見えない背後のどこかにあるとしますと、私たちはその宇宙空間を充たす光を見ることができません。そもそも何も見えないでしょう。光に包まれた空間の中に、何らかの対象が存在したときにのみ、そこに何かが見えるのです。私たちは光を見るのではなく、光を通して、固体か液体か気体かを見るのです。物質的な光を肉眼で見ることはできません。ですから神智学は、「光はすべてを見えるものにするが、その光そのものを見ることはできない」と語ります。

「光を知覚することはできない」というのは、重要な命題です。地・水・風も、熱や火も、外から知覚できます。熱は、内的にも知覚できます。光そのものを外的に知覚することはできません。太陽を見て、光を見ていると思うのは間違いです。燃える物体、光を放射する燃焼体を見ているのです。

このように、地から水、風を通って、火に到り、さらに光にまで到るとき、外的に知覚可能なものから、不可視のもの、エーテル的、霊的なものにまで到ります。

火が外的に知覚できる物質と、外的に知覚できないエーテル的＝霊的存在との境界に立っているとすれば、その火によって燃える物体は、燃えることで何を行なっているのでしょうか。燃えるとはどういうことなのでしょうか。燃えると、光が生じます。つまり火は燃えることで、光という外的に知覚できないもの、霊界に働きかけるものを生じさせるのです。光の光源には、火があるのです。

外的にはもはや知覚されえない光という霊的存在が生じるとき、その代償として、煙もまた生じなければなりません。透明な輝きをもつものは、不透明な煙を伴って現れるのです。一方では、光という霊界への通路が生じ、他方では物質世界の中に不透明な存在が生じます。このように、宇宙においては、何ごとも一方的に生じることはありません。生じるすべては、二つの側面をもっています。ですから熱が光を生じさせるときには、その一方で暗く濁った物質が生じます。こういう考え方をするのが、太古以来の霊的認識の基本的な教えなのです。

四大存在の封じ込め

さて、今述べたのは、物質的な経過という、現象の外側についてでした。この物質的な経過の根底には、別な経過が生じています。まだ光を発していない何かに熱が加わるとき、その物質的な経過の中に、霊的な経過が生じます。光と煙を生じさせるまでに高温になりますと、その熱の中に存在していた霊的な何かが、煙の中に入っていきます。不透明な煙の中に、その何かが封じ込められます。熱と結びついた霊的な存在たちが、濃縮された煙の中に封じ込められるのです。熱によって生じる物質の経過は、常にこのような霊的な存在の封じ込めを伴っているます。

もっと極端な例を考えてみましょう。今日では、気体を液体に変えることができるようになりました。気体そのものは、煙がつくり出されるとき、熱から生じます。火の中に留まりたいと思っている霊が、煙の中に封じ込められます。「四大存在*」と呼ばれる霊的な存在たちは、あらゆる種類の気体の中に封じ込められています。その気体が液体に変わるとき、同じ存在たちは、さらに濃縮された存在形態の中に封じ込められるのです。

ですから、神智学は、外から知覚できるものの中に、火の状態で存在していたいと思っている霊的な存在たちを見るのです。その存在たちは、火が気体やガスにまで濃縮し、さらにガスが液体に、液体が固体にまで濃縮するときに、それぞれの物質体の中に見出されます。ですから、神智学者は次のように語るのです。――「周囲にある固体存在に眼を向けたまえ。それは、かつて液体だった。進化の過程で固体にまで濃縮された。すべての液体は、かつて気体であった。その気体は火から煙となって生じた。そのような濃縮過程のすべては、霊的存在の封じ込めを伴っている」

周囲の世界を、石や水の流れや霧を、眺めてみましょう。そのすべては、火に他なりません。すべては火なのです。ただ、その火は、濃縮されています。金も銀も銅も、濃縮された火なのです。かつて、すべては火でした。すべては火から生じたのです。そして、その濃縮された存在のすべての中には、封じ込められた霊たちが存在しているのです。

それでは神的存在たちは、どのようにしてこの地上に、固体や液体や気体を生じさせることができたのでしょうか。神的存在たちは、火の中に生きている四大存在たちを地・水・風の中に閉じ込めたのです。四大存在たちは、神的な創造者たちの使者なのです。この使者は、はじめは火の中にいました。火の中で、いわば幸せに暮らしていました。ところが今は、呪われ、封じ込められて、生きています。ですから私たちは周囲を眺め、次のように思わなければなりません。——「周囲のすべては、四大存在のおかげでここに存在している。四大存在たちは、火から降りてこなければならなかった。そして今、事物の中に封じ込められている」

四大存在の救済

私たちは人間として、この四大存在たちに、一体何をしてあげることができるのでしょうか。これは聖仙たちにとっても、重要な問いでした。封じ込められた存在を救済するために、私たちは何をすることができるのでしょうか。確かに、私たちは何かをすることができます。

私たちの行なうすべては、ただちに霊界にもその作用を及ぼします。次のように考えてみてください。誰かが水晶か金塊を眺めているとします。そのとき一体何が生じるのでしょうか。そのとき、封じ込められた四大存在とその人との間で、絶えざる相互作用が生じるのです。物質の中に封じ込められた霊たちと人間とが、そのとき、互いに結びつくのです。人間が何かを眺めるとき、常に四大存在が人間の中へ入ってきます。朝早くから夜遅くまで、人間生活の中で、封じ込められた四大存在が人間の中へ入ってくるのです。

知覚活動を行なうときはいつでも、一群の四大存在たちが、周囲から皆さんの中へ入ってきます。考えてみてください。周囲の事物を眺める誰かが、事物の霊について自分の魂の中に何も感じとろうとしなかったら、どうなるでしょうか。自分にかまけたり、安易な態度をとったりして、思考も感情も働かせずに、いわば単なる傍観者として生きているとしたら、どうなるでしょうか。そのときも、四大存在たちがその人の中へ入っていきます。しかしその人の中で、ただ外から中に入るという宇宙過程を辿る以上のことをすることはできないのです。けれども、誰かが外界の印象を深く心に受けとめ、宇宙の根底に働いている霊的存在たちに思いをいたすとしましょう。一片の金属を、ただ眺めるだけではなく、その姿について考え、その美を感じ、印象を深めるとします。その人は何をしているのでしょうか。

その人は、そうすることで、外界から自分の中へ流れ込んでくる四大存在を救済しているのです。封じ込められた状態から四大存在を解放して、かつての状態に送り返すのです。そのように私たちは、風・水・地の中に封じ込められている存在を、私たちの精神作業を通して解放し、本来の元素界*へ連れもどすこともできれば、それらを変化させずに、私たちの内部に閉じ込めておくこともできるのです。人はこの世の生活を通して、四大存在たちを、外界から自分の中へ流れ込ませます。事物をただ眺めるだけで、この霊たちを、自分の中に流れ込ませます。しかしそれだけでは、この霊たちは変化できません。理念や概念や美的感情を通して、外界の諸事物を受けとめようとすればする程、人はこの霊的な四大存在たちを救済し、解放するのです。

それでは、事物から人間の中へ入った四大存在たちは、どうなるのでしょうか。はじめは人間の中にいます。救済された存在たちも、はじめは人間の中に留まっていなければなりません。しかしそれは人間が死に到るまでのことです。

人間が死の門を通ると、死体の中に留まり、高次の元素界に帰っていけない四大存在たちと、死者の霊魂によって以前の元素界に連れもどされた四大存在たちとの間に、区別が生じます。人間によって変化させられなかった四大存在たちは、事物から人間の中に入ったあとも何も得るところがありませんでした。しかし別の四大存在たちは、人間の死とともに、ふたたびもとの世界に帰ることができました。この四大存在たちにとって、人間の生活は通過点だったのです。

そして、人間が霊界から、また地上に生まれてくるとき、かつてその人が解放しなかった四大存在のすべても、その人の転生とともに、ふたたび物質世界にもどってきます。一方、解放された四大存在たちは、その人がふたたびこの世に生を受けても、共に地上世界に降りてこないで、もとの元素界に留まります。

このように、外なる自然に対する態度いかんで、人は物質世界を成り立たせるために封じ込められた四大存在たちを解放することもできれば、これまで同様に、地上に拘束しつづけることもできるのです。

それでは、外なる対象を眺めるとき、人間は何をするのでしょうか。かつて生じた事柄の正反対を、霊的な仕方で行なうのです。かつては、煙が火から形成されました。今人間は、煙から火を、霊的に、ふたたび形成するのです。そしてその火を、死後になってはじめて自分のもとから去らせるのです。

供犠の霊的意味

さて、神智学の光で見たとき、太古からのいけにえの慣習は、霊的に非常に深い意味をもっています。霊的法則を真に認識することができた太古の時代に、いけにえの祭壇の前に立った祭司のことを、考えてみてください。祭司は火を点じ、煙がそこから立ち昇ります。この立ち昇る煙は、本当に、供犠を意味したのです。そのとき祭司の祈りを通して、いったい何が生じたのでしょうか。そもそも供犠によって何が生じたのでしょうか。

祭司は祭壇の前に立ち、その祭壇からは煙が立ち昇っています。熱から煙が生じるとき、そこに霊的な存在が封じ込められます。しかし祭司が祈りながらその過程を共にするときには、その霊的な存在は人びとの中に受け入れられ、そしてその人びとが死ぬと、ふたたび高次の世界へ昇っていくのです。

ですから、太古の時代に叡智を身につけた人は、新たにその叡智を受け容れようとする若者たちに、次のように語りました。――「祭壇をよく見なさい。煙を見るだけではなく、火の元素にまで注意を向けなさい。そうすれば、お前は死後、煙に封じ込められた霊を解放するだろう」

この言葉が理解できた人は、煙から自分の中に入ってきた霊的存在について、次のように言いました。――「私がこの霊を煙の中にいるままにしておいたなら、その霊は私と一緒に、ふたたびこの世に転生してこなければならない。私が死んだあとも、霊界に帰ることができない。しかし私がこの霊を解放して、火に返してやるなら、この霊に、私の死後、霊界へ昇っていく。そして私が生まれてきても、ふたたび一緒に地上にもどってはこない。

さてそこで、前回取りあげた『バガヴァッド・ギーター』の深遠な文章を取りあげましょう。そこで語られているのは、人間の自我のことではなく、外界から人間の中に入ってくる四大存在のことだったのです。――「火を見よ、煙を見よ」と言うとき、その火とは、人間が霊的な経過を通して火にしたもの、つまり人間が死と共に解放する霊的存在のことだったのです。それが煙の中にいるままにさせられていると、死に際しても人間と結びついています。そして転生と共にふたたび地上に生まれてこなければなりません。

四大存在の運命については、次のように言うことができます。——「人は、内部に発達させた叡智を通して、死後、四大存在を解放する。物質の感覚的仮象にしがみついている人は、四大存在を自分のもとに留めたまま、何度でも転生しつづける。そして四大存在も自分と共に、地上に生まれてくるようにしむける」

四大存在と人間の関係

しかし四大存在は、火だけと結びついているのではありません。生起するすべての物質と結びついています。四大存在は、物質界における高次の神霊たちの使者なのです。もし四大存在が大群をなして働き、諸天体を運行させなかったなら、昼も夜も、決して存在しなかったでしょう。生起するすべては、霊的ヒエラルキアの上位の存在たちと下位の存在たちとの共働によって生み出されました。私たちはヒエラルキアのもっとも下位の存在である「使者」たちと共にいます。夜から昼が、昼から夜が生じるとき、そこにも四大存在たちが生きて働いています。人間は今、昼と夜を生じさせるために働く元素界の存在たちと親密な関係を保っています。

人間は、怠けているときと、創造的に働いているときとでは、昼と夜のために働く四大存在に対して異なった働きかけをします。怠惰な人間は或る四大存在たちと結びつき、勤勉な人間は別な四大存在たちと結びつきます。後者に属する四大存在は、昼の間に活発な活動をします。昼から昼へと移りながら、高次の元素界の中から働きかけるのです。

しかし風と水と地の中に結びついているもう一方の四大存在たちは、闇と結びついています。この四大存在たちが夜の中に取り込まれていなかったなら、昼と夜の区別は生じなかったでしょう。人が夜と昼のリズムの中で生きることができるのは、神霊たちがこの四大存在たちを霊界から追い出して、夜の時間帯の中に閉じ込めてくれたおかげなのです。

さて、この四大存在たちは怠惰な人の中へ流れ込みますので、その人は自分の中の四大存在をそのままにしておきます。夜の闇の中に閉じ込められている四大存在を、怠惰にも、そのままにしておくのです。勤勉な人の中に入ってくる四大存在は、その人間の働きのおかげで、ふたたび昼にもどされます。勤勉な人は、第二のクラスの四大存在を解放するのです。私たちは一生を通じて、怠惰な状態のときに入ってきた四大存在と、勤勉なときに入ってきた四大存在のすべてを担っています。私たちが死の門を通ると、昼に送り返した四大存在は霊界に赴くことができます。私たちが怠惰な仕方で、夜の中に放置しておいた四大存在は、私たちの中に拘束されつづけます。そして私たちは、新しい転生に際して、その存在を地上に連れてくるのです。

私たちが単なる感覚の虚妄の中で、外にいた四大存在を、夜の存在を、怠惰な状態で自分の中に流れ込ませますと、その存在は転生に際して私たちと一緒に生まれてきます。それが『バガヴァッド・ギーター』の次の一節に記されています。

「昼と夜を見よ、お前が勤勉な態度で夜の存在を昼の存在にすることによって、お前が救済するもの、お前が死ぬときに昼から出ていくものは、高次の世界に入っていく。お前が夜の存在として共に担っていくものは、お前と一緒にふたたび生まれてくる定めを背負っている」

この言葉は、人間の自我の在り方ではなく、四大存在の在り方を述べているのです。

さて、皆さんもきっと予想していらっしゃるように、このことはもっと大きな自然現象についても言えるのです。たとえば二十八日の間の上弦の月と下弦の月の交替についてもです。月の運行を可能にするには、大群の四大存在が働かなければなりません。彼らのおかげで、私たちは月齢を地上で数えることができるのです。

この働きをさせるために、高次の存在は四大存在たちを物質界に拘束し、封じ込めねばなりませんでした。見霊者には、上弦の月のときに、四大存在たちが低次の領界から上次の領界へ昇っていく一方で、下弦の月のときに、他の四大存在たちが下位の領界へ落ちて封じ込められるのが見えるのです。

この四大存在もまた、人間と相互に作用し合っています。人間がこの世に満足し、明るい気持ちですべての事柄を受けとめることができると、下弦の月に拘束された四大存在たちが解放されます。その四大存在たちは明るい人の中へ入ります。そしてその人の平静で、内的に充足し、調和した世界感情によって、解放されるのです。不平不満をもった人の中へ入る四大存在たちは、下弦の月に拘束されたままに留まります。

調和した世界感情をもった、明朗な心の持ち主は、無数のこのような四大存在を解放しつづけます。

調和した世界感情、世界についての内的な充足感は、霊的な四大存在の解放者なのです。不平不満の持ち主は、四大存在を拘束します。しかしその四大存在をも、明朗な心は、解放することができます。

ですから人間の心の在りようは、その人自身にとって意味があるだけではないのです。明るさと不平不満は、人間の本質から流れてくる解放力と拘束力なのです。人が気分次第で行なう事柄も、あらゆる方向の霊的存在の中へ入っていくのです。

このことも『バガヴァッド・ギーター』のあの重要な箇所に出ています。――「見たまえ。上弦の月のときに霊たちが解放されるように、人間の気分によって解放された霊たちは、人間が死の門を通るときに、高次の世界へ戻ることができる」

不機嫌な人、憂鬱な人が自分の中に呼び込んだ霊たちは、転生する人間にとらわれて、その人と共にふたたびこの地上に生まれてこなければなりません。ですから四大存在たちは、人間の死と共に解放されて故郷に戻るか、それとも人間と共にこの世にふたたび生まれてくるかしなければなりません。

四大存在と季節

そして最後に、一年の季節の推移を可能にし、夏の太陽が地上に豊饒をもたらすために輝くように、春から秋にかけて生物が繁栄するように、共に働く四大存在たちがいます。しかしその働きのためには、他の四大存在たちが、冬の季節に、拘束され、封じ込められねばなりません。

ですから先ほど述べたように、私たちは冬の季節になると次のように感じるのです。——「夜が長く昼が短い季節になると、太陽は豊饒をもたらす力を大地にふり向けない。外の大地は死ぬ。しかし大地の死の中で、私は霊的に甦る義務をますます感じる。今は、霊の働きを自分の中に受けとらなければならないときだ」

私たちは、クリスマスの季節に向かうと、ますます敬虔な祝祭の気分に満たされます。外なる感覚界がまさに死を迎えるときに、霊はもっとも生命力を発揮するのです。これが「聖夜」

の祝祭の意味です。そして復活祭を迎えるとき、私たちは、霊的なものの死が外的なものの甦りと不可分の関係にある、と感じます。復活祭をその観点に立って体験しなければなりません。そうすれば、自然のいとなみを宗教的に理解し、自然の中に働いている霊的存在を知るようになるでしょう。そのような霊的なものへの畏敬を通して、私たちは四季の移り変わりの中で人間の中へ流れ込んだり、人間から流れ出たりする四大存在を解放するのです。

霊を否定する人は、物質の混沌の中に埋没しています。そしてその結果、四大存在は、その人の中に流れ込んだまま、離れられなくなります。そして、その人の死後も人間のもとに拘束されつづけて、人間が新たに転生するとき、ふたたび地上に現れなければならないのです。人間の霊性が、冬の霊たちを夏の霊たちにしませんと、この霊たちは人間と共に転生しなければならなくなるのです。

私たちが認識と感情の働きで事物の中に火を見るとき、一定の四大存在たちは上昇できるのです。私たちが煙だけに結びつきますと、四大存在たちをふたたび地上に転生させてしまいます。私たちが昼と結びつきますと、昼の霊たちが解放されます。光を見てください。昼を見てください。上弦の月を見てください。半年の太陽を見てください。私たちが四大存在たちを、光に、昼に、上弦の月に、夏の季節に連れもどしますと、死を迎えたときに、この四大存在たちを救済するのです。私たちにとって大切なこの四大存在たちは、それによって、霊界へ上昇していけるのです。

私たちが煙だけに結びつき、眼に見えるものだけに眼を向け、そして怠惰な態度で夜と結びつき、不機嫌になると、下弦の月の霊たちに結びつきます。無信仰と唯物論のせいで、冬の太陽の季節に拘束された霊たちに結びつきます。そしてその霊たちを、一緒にこの世に転生させます。

宗教書に秘められた叡智

今はじめて私たちは、『バガヴァッド・ギーター』のあの箇所で何が述べられていたのかを理解します。そこでは人間のことが語られている、と思った人は、この聖句を理解できません。ヒエラルキアのもっとも下位に位置する四大存在の秘密が、この箇所で私たちに明かされているのです。偉大な宗教書の中から太古の叡智を取り出すには、その宗教書を表面的に理解するのではなく、深い意味を知ろうとしなければなりません。そこに込められている秘密を見つけ出すには、どれほど叡智を働かせても十分でない、と思わねばなりません。そうすれば、古文献から吹いてくる魔法の息吹を、私たちの敬虔な感情で受けとめることができるでしょう。この息吹は、人類の進化のための浄化手段であり、魂を高貴化する手段なのです。

古代の宗教書は、叡智の途方もない深淵を垣間見させてくれます。今日では、神秘の学堂や秘儀の中に秘守されてきた叡智が一般人類社会に流れてきます。たとえ太古の叡智の単なる残照でしかなかったとしても、叡智の偉大さと輝きは、古代の宗教書を通して私たちのもとにまで伝えられます。

今日はかなり難解な例を取りあげて、太古の叡智についてお話ししました。四大存在が到るところで私たちを取りまいて、私たちの中に入ったり、そこから出たりしています。このことを太古の人びとは知っていました。人間のすべての行為は、霊界と人間の内面世界との相互作用なのです。私たちの行なうすべて、私たちの心の在り方そのものでさえも、全宇宙に作用を及ぼすのです。私たち小宇宙は、大宇宙にとって大きな意味をもっているのです。そのことを知ると、人間の謎があらためて強く意識されます。

私たちの霊たちに対する責任感こそ、神智学のもっとも美しい、もっとも重要な贈り物なのです。神智学は真の意味で生きることを教え、一人ひとりの人生が人類の進化の流れの中で重要な役割を演じていることを教えているのです。

［訳注］

＊四大存在――四大霊とも言われ、ドイツ語では地の霊（または精）をグノーム、水の霊をウンディーネ、風の霊をシルフェ、火の霊をサラマンダーと呼ぶ。

＊本来の元素界――魂の世界（アストラル界）と物質界の中間にあって両者を仲介するエーテル界（生命界）のことを言う。（『神智学』参照）

第三講　人間の起源（一九〇九年四月一三日午前）

第二講で述べた四大存在という、いわばヒエラルキアの底辺に位置する霊的存在については、いろいろな疑問をおもちになっていることと思います。現代人の考え方からすれば、第二講で取りあげた事柄は、いろいろと疑わしいものに思えるでしょう。これからの話の中で、おのずとはっきりしてくる事柄も多いと思いますが、この問題に向き合うときの心構えについて、ひとつだけ言っておかなければならないことがあります。

たとえば現代人にとっては次のような疑問が生じるでしょう。――「石について思いめぐらして、その石の中に封じ込められた存在を解放したあと、その石の中には何が留まりつづけるのか。四大存在はまだその石の中にいるのか。そもそも石にどういう変化が生じたのか。解放された四大存在と解放される以前の四大存在とは、どう違うのか」

このような問いが生じるでしょう。先ほど述べたように、話を進めていく過程で、このような問いに答えたいのですが、しかし現代人の常識をもってしては、こうした事柄は理解できません。地上の現実においては、すべてがヴェールで覆い隠されており、霊的現実とはまったく別様の在り方をしています。疑問が解明されなかったとしても、それは霊的現実の罪ではありません。問いが正しく立てられていなかったのです。どうすれば正しく問いが立てられるのかについては、これから順を追って述べていくつもりです。

事柄の本質を理解するために、ここで私たちの地球という惑星の過去の状態を考えてみましょう。

私たち人間が輪廻転生を繰り返すように、存在はどんなに小さなものも、どんなに大きなものも、すべて変化を遂げ、転生を繰り返します。地球のような惑星でさえも、転生するのです。私たちの住んでいる地球は、常に今と同じ地球であったのではなく、その前には別の状態で存在していました。人間と同じく、地球もまた転生を繰り返してきました。そのことについて、私たちの神智学サークルでは、これまでもたびたび語ってきました。私たちは、地球に先行する惑星を「月」と呼びます。この「月」は、現在の月のことではなく、私たちの地球のかつての状態のことです。そして私たちが霊的状態を辿ってこの世に生まれてきたように、地球もまた「プララヤ*」と呼ばれる霊的状態を辿ってきました。この「月」の状態もプララヤを通過して、それ以前の状態から生まれ変わってきたのです。そのような「月」に先行する地球惑星の状態は、「太陽」と呼ばれます。ですからこの「太陽」は、現在の太陽のことではなく、それとはまったく別の存在のことです。そしてこの「太陽」も、「土星」と呼ばれる最古の地球惑星の転生したものです。ですから現在の地球は、土星紀、太陽紀、月紀、地球紀を通して、四つの相前後する転生を繰り返してきたのです。

人間の進化

この四つの惑星状態は、それぞれ固有の課題をもっていました。このことについては、これまで何度も述べてきました。私たちの現在の地球は、どんな課題をもっているのでしょうか。現在の地球の課題は、人間にまさに今日のような在り方を可能にすることなのです。地球紀のすべての経過は、その経過を通して、人間が「自我存在」になるためにあるのです。このことは、以前の諸状態にはあてはまりません。人間が現在の意味での「人間*」になったのは、地球紀においてなのです。地球が辿ってきたこれまでの惑星状態も、それぞれ同じように固有の課題をもっていました。以前の惑星状態は、私たちとは異なる存在たちが「人間」となるための状態でした。そして今、そのような存在たちは、私たち人間よりも、もっと高次の段階に立っています。私の書いた『神秘的事実としてのキリスト教』の中には、或るエジプトの賢者がギリシア人ソロンに向かって、「かつて神々は人間だった」という重要な秘儀上の真実を語ったことが述べられています。今日、霊界の高みに立っている神々は、常にそのような神々だったのではなく、そのような神々にまで進化発展したのです。かつては、人類の進化段階を辿る人間だったのです。このことは、すでに古代において、秘儀の場で学ばねばならぬ根本的な真理のひとつでした。

このことから、「それでは、われわれ人間もいつかは神々になるのだ」という危険な真実に行きつきます。そしてまさにこの結論に到らざるをえないために、秘儀の導師はこの真理を危険なものと見なしました。実際、人はふさわしい成熟を遂げれば、神になることができます。しかし成熟を遂げる以前に、人が自分の中に神を見出した、と思い込んでしまえば、その人は神にはならず、馬鹿になるのです。

ですから人間の前には、二つの道が開かれています。ひとつは忍耐強く、ディオニュシウス・アレオパギタの言う「神化」に向かって歩む道です。もうひとつはそうなる以前に、自分は神だ、と思い込む方向へ向いています。一方の道は本当に神様になるところにまで到りますが、もう一方の道は馬鹿者に到る道なのです。

私たちが古代の書物をしばしば誤解してしまうのは、私たちの時代が神霊存在のさまざまな段階を区別していないところからきています。先ほどのエジプトの賢者の言葉も、特定の段階の神や神々について述べていたのではなく、神霊存在の位階全体について述べていたのです。ディオニュシウス・アレオパギタも東方の賢者たちも、常に神霊存在の位階を区別しました。私たちが天使と言うか、ディヤン・チョーハン*と言うかは、どうでもいいのです。宇宙叡智の統一性を理解している人は、それらが同一の事柄を表わす二つの言葉にすぎないことを知っています。

人間のすぐ上に存在する不可視の霊たちは、キリスト教の秘教で天使、アンゲロイ、つまり神霊界の「使者」と呼ばれ、それよりも一段高次の存在たち、つまり人間よりも二段階高次の存在たちは、大天使、アルヒアンゲロイ、または火の霊と呼ばれます。大天使よりもさらに一段高次のところにまで進化を遂げた存在たちは、原初、アルヒァイまたは人格霊と呼ばれます。このように人間よりも高次のところに、三つの位階の存在たちがいるのですが、これらの存在たちはすべて、人類段階を通過してきました。それらはすべて、かつては人間だったのです。

現在の天使は、宇宙時間に従って言えば、それほど遠い過去に人間性を獲得したのではなく、月紀の人間でした。私たちが地上で人間として行動するように、天使たちは、月紀に人間として活動しました。大天使たちは太陽紀に人類段階を通過しました。そして「原初」である人格霊たちは、土星紀に人類段階を通過しました。

これらの存在たちは、段階を追って人間性を獲得し、現在は人間よりも高次のところに立っています。宇宙界の諸段階を霊的な観点から数え上げるなら、私たちは地上で可視的な鉱物界、植物界、動物界、人間界をもっていますが、不可視の領界に入りますと、天使、火の霊または大天使、原初または人格霊に到ります。この存在たちが内的な在り方を進化させ、人間から神に、または神々の使者に――使者というのはこれらの存在たちに対する正しい呼び名です――なって、霊的な生き方をするようになったとき、居住地である惑星の状態もまた変化しました。

アルヒァイが人間だったときの古土星紀に眼を向けると、そこは私たちの地球とはまったく異なった様相を呈しています。

古土星の火

昨日述べたように、現在の地球上では、地、水、風、火または熱の四大要素を区分することができます。古土星紀においては、そのうちの三つの要素はなく、火または熱だけが存在していました。今日の唯物論的な科学者は言うでしょう。――「しかし熱は外なる対象の下でのみ現れる。熱い固体、熱い液体は存在しても、熱そのものだけが存在することはありえない」

唯物論的な科学者はそう信じています。しかしそう信じるのは間違いです。もし私たちが五感を働かせて、古土星を観察できたとしたら、どうだったでしょうか。そのような仮定が許されるなら、もし私たちが宇宙空間を通って古土星の中に飛んで行けたとしたら、そこでは何も見ることができず、ただ熱さだけを感じたでしょう。まるで巨大なかまどの熱い内部を飛んでいるかのように、土星の中を飛んで行ったでしょう。しかしそこは空気の動きがまったくないので、泳ぐことも飛翔することもできません。空気も水も存在しなかったのです。立って歩くこともできなかったでしょう。地面もなかったのですから。手は何にも触れることができません。古土星はもっぱら火から、熱元素から成り立っていたのです。私たちの地球の最初の進化段階は、熱状態から始まりました。ですから古代のヘラクレイトスが「すべては火から発した」と言ったのは、正しかったのです。私たちの地球は、古土星の変化したものにすぎませんから、地球上のすべても、火から生じたのです。ヘラクレイトスはこの真理を古代秘儀の叡智から受けとり、そのことを記した書物をエフェソスの女神に捧げ、その祭壇に納めたと言われています。彼がこの知識をエフェソスの秘儀から受けたこと、根源の火である土星についての教えがそこでは伝えられていたこと、そのことを彼はよく承知していました。

このことからも推察できるように、原初、アルヒァイ、人格霊と呼ばれる存在たちは、今日の人間とはまったく違う状況の下で、人間段階を通過しました。今日の人間は、身体の中に固体、液体、気体の諸成分を取りいれて、骨格や血液を形成してきました。人格霊である土星紀の人間は、身体のすべてを熱から、火から形成しなければなりませんでした。事実、土星紀の人間は、火の体しかもっていませんでした。身体は熱だけから成り立っていました。

昨日申し上げたように、熱は二つの側面をもっています。ひとつは、内なる熱として内的に知覚される熱です。私たちは、固いものをさわるように周囲をさわらないでも、熱さや冷たさを感知します。しかしまた、熱い物体にさわるときには、外にも熱を感知できます。土星紀の進化の特徴は、熱がもっぱら内的なものであった初期から、次第に、外にも知覚できるようになった末期へ移っていったことにあるのです。土星紀初期の状態の中に入っていったとしても、私たちの肌には何の熱も感じなかったでしょうが、内的には、気持ちのいいあたたかさを感じたでしょう。最初期の土星紀を旅する私たちには、「魂の熱」とでも呼べるものが体験できたでしょう。

私たちは赤い色面と青い色面を見分けます。赤い色面は熱い感情を与えますし、青い色面は冷たさの感情を生じさせます。赤い色の印象が呼びおこす感情について考えてみてください。そのような色彩印象は、土星紀にはありませんでした。けれども今日の私たちが赤い色を見て感じる快さは、当時も存在していました。土星紀の終わり頃になると、そこを旅する私たちは、内的に快い状態を感じるだけでなく、熱が外から私たちの方へやってくると感じたでしょう。内なる熱が次第に外なる熱に変化したのです。そしてこれが土星紀の進化の道程なのです。内的な熱から外的に知覚可能な熱へ、外なる火への道程です。

土星紀の人格霊

土星紀における人格霊は、ちょうど子どもがおとなに成長するまでいろいろな体験をするような仕方で、成長を遂げていきました。はじめは内的に熱さを、快い熱さを感じましたが、次第にその熱が外に実体化していくのを感じるようになりました。そのとき、一体何が生じたのでしょうか。まずはじめ、球状の土星は内的な熱をもっていましたが、そこに人格霊が受肉したのです。そして人格霊が受肉することは、同時に外なる熱が形成されることでした。

私たちが後期の土星を旅したとしますと、周囲に熱いところと冷たいところとを区別できたでしょう。その熱いところを形に描いたとしますと、上の図のようになったでしょう。まるで熱の卵たちに取りまかれているかのようなのです。外からそれを見たら、まるでブラックベリーかラズベリーのように見えたでしょう。これらの卵は何だったのでしょうか。それらは人格霊の身体だったのです。

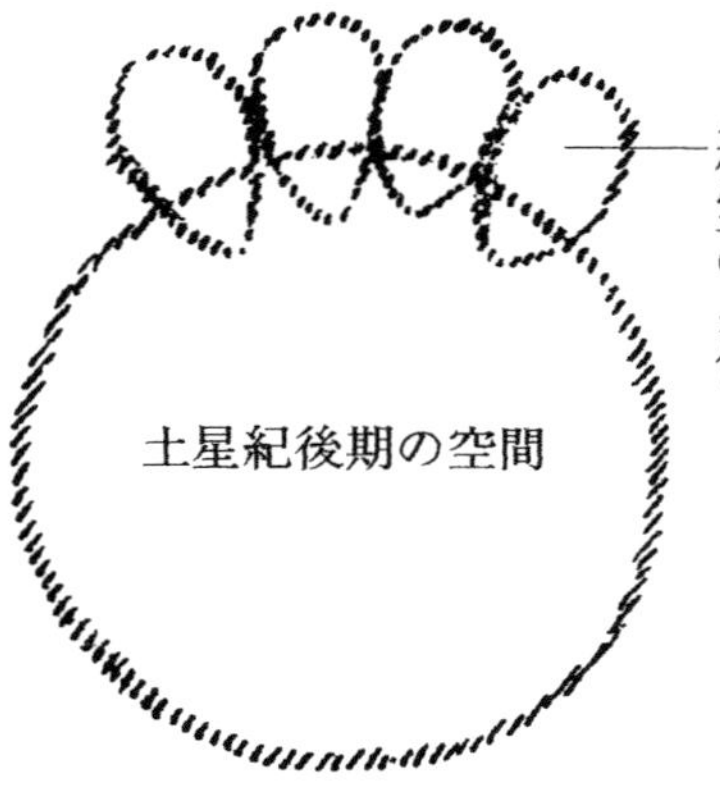

人格霊たちは、まさに彼らの内なる熱によって、外なる熱から成る土星卵を生じさせたのです。

この状態の中で、人格霊たちは熱に働きかけ、そしてこの最初の熱の卵を孵化させました。いわば熱空間の中の外なる熱の卵が内から形体化されていったのです。そして「アシュラ」とも呼ばれるこの人格霊たちが、土星紀にこの火の体に受肉しました。

土星紀の人格霊は、外なる熱をふたたび内なるものに変化させることができました。その経過は一定ではなく、内的に柔軟な過程を辿りました。そのようにして、人格霊たちは、絶えず熱の卵を外へ産み出し、そしてそれをふたたび内へ解消させました。考えてみてください。私たちが土星紀をあちこち旅したとします。そうしますと、或るところでは外にまったく熱さを感じないで、もっぱら快い内なる火があるだけですし、別なところでは熱の卵が現れます。ですから私たちには土星全体が、火の呼吸をしているかのように感じられたでしょう。外なる熱が内面化されて、すべてがもっぱら内なる快さだけになったときは、土星が熱を吸いこんだときです。しかし別のときには、多くの熱の卵が外に現れます。それは土星が内なる熱を吐き出し、外の火を生じさせたときなのです。

インドの聖仙たちは、弟子たちにこのイメージを与えました。弟子たちを土星紀へ導いて、星もまた人間と同じように呼吸している、と実感させました。「火は外へ流出して、無数の熱の体を生じさせる。火は吸いこまれると、人格霊の内なる自我となる」というイメージをもたせたのです。

空気はまだ存在していませんでした。その当時、すべての人格霊が熱を呼吸していたとしたら、土星紀は正常な進化を辿り、そして一定の時が来たら、すべてがふたたび内なる熱に変わったでしょう。そして外から見た土星は、火の惑星であることをやめ、宇宙空間から消え去って、霊界に戻ったことでしょう。そうしたら、太陽紀、月紀、地球紀は存在しなかったことでしょう。なぜなら、吐き出された熱のすべてが、ふたたび内なる熱として霊界に戻ってしまうのですから。

けれども、通俗的な言い方をしますと、特定の人格霊たちが、吐き出された熱の一部分だけをふたたび取り込み、残りはそのままにしておいたのです。ですから、吸い込んだあとにも、土星の卵の幾分かは、外に留まりつづけました。したがって、土星上には、次第に二つのものが分離して存在するようになりました。内なる熱と、外なる熱、つまり土星の卵とです。一体、人格霊たちは、なぜそのようなことをしたのでしょうか。彼らはそうしなければならなかったのです。そうしなかったならば、彼らは土星紀に人間になることができなかったのです。

一体、人間になるとは、どういうことなのでしょうか。自我存在が自分を外なるものと区別できなければ、人間とは言えません。人間とは、「自我意識をもつ」ということなのです。自我意識をもつことによってのみ、私たちは人間存在たりうるのです。ここに花束があり、ここに私がいます。私が自我である限り、私は自分を対象から区別します。人格霊たちは、自分に対抗するものを外に残しておかなかったなら、永久に自分を他から区別できなかったでしょう。人外に他者が存在するとき、私は自分をその外なる対象から区別します。この区別によって、人格霊は自分の自我、自分の自意識を獲得したのです。そしてそれは、土星存在の一部分を外なる熱存在に追いやったことでもあります。人格霊は、自分の何かを外へ流出し、自分をそれと区別し、この外なるものの傍らで自我意識を目覚めさせたのです。そのようにして、人格霊はいわば自分の内部の鏡像を外に創造したのです。だから人格霊は、いわば土星紀の生活をやり終えたあと、土星を消失させずにすんだのです。人格霊がすべての火を吸い込んでしまったなら、それは消失したはずでした。けれども、自分の中から流出したものを、吸い戻さずにすんだのです。

土星紀から太陽紀へ

しかし、人格霊だけでしたら、土星紀の後にプララヤ状態を生じさせることはできなかったでしょう。そうするためには、より高次の霊たちが現れて、土星を解消し、プララヤという「消失と眠りの中間状態」を生じさせなければなりませんでした。その高次の霊たちがトローネです。

土星紀の生活が終わるまでに、人格霊は自意識を獲得しましたが、熱の一部分を自分の中に吸い込み、その代わりに他の部分をあとに残しました。そこにトローネが現れて、その残された部分を解消したので、土星紀はプララヤの夜を迎えたのです。

そして惑星の朝が来ました。あとで述べる法則に従って、全体がふたたび目覚めます。もしも熱存在をすべて吸い込んで、土星が消えてしまったとしたら、すべての土星紀の存在は霊界の中に取り込まれてしまい、惑星の朝が来ることなど、決してなかったでしょう。トローネが人格霊の産み出した卵たちを解消したあと、しばらくして、この卵たちはふたたびこの低次の霊的存在に委ねられました。それによって、惑星の朝が来ました。土星紀の生まれ変わった状態である太陽紀が現れたのです。

太陽紀には、一体何が生み出されたのでしょうか。惑星の夜の後に、今や自意識を獲得した人格霊たちが現れました。人格霊は、これまで経験してきたようなことをふたたび繰り返す必要はありませんでしたが、熱の卵たちをふたたび吐き出しますと、それらの卵は、次第に個々に形をととのえていきました。そしてその結果、人格霊はこの卵と結びつくようになったのです。人格霊がすべてを霊界の中に取り込んでいたなら、太陽紀と結びついて下降する必要はなかったでしょう。しかし以前の自分の存在の一部分である熱の卵を吐き出したために、下降せざるをえなかったのです。熱の卵が人格霊を新惑星存在のところにまで引き降ろしたのです。

これが土星紀のカルマでした。宇宙カルマであったとも言えます。人格霊が土星紀にすべてを自分の中に吸収しなかったので、地上に戻ってこなければならないカルマを作り出したのです。人格霊は、下の世界で自分が引き起こしたものを、古土星紀の遺産として見出したのです。人格霊が今、みずから創り出したカルマと関わり合うことで、何が生じたのでしょうか。その結果、昨日一般化して述べたように、熱が一方では光になり、もう一方では煙になったのです。

こうして熱の卵たちからふたたび生じた星体の中に、一方ではガス、空気もしくは煙が、他方では、高次の状態に戻った熱である光が生じました。新たに変化した土星の内部に、煙、ガス、空気が、もう一方には光が生じたのです。

もし私たちが宇宙を旅行して、この古太陽へ向かったとしますと、輝くものをすでに遠くから見たでしょう。なぜならその背後に煙が存在していたでしょうから。土星紀に熱球体が存在していたように、たとえ光そのものは見えなくても、輝く球体が知覚できたでしょう。私たちの向かうところに輝く球体があったでしょう。そしてその球体の中へ入っていったなら、熱だけでなく、風、空気、流動するガスをあらゆる方向に知覚できたでしょう。つまり熱い球体に輝く球体が加わったのです。

太陽紀の大天使

この球体を十分な権利をもって、「太陽」と呼ぶことができます。現在の諸太陽も、この経過を辿っているのです。それらは内部に流動するガスがあり、その一方でガスが光となって輝いています。太陽は宇宙空間に光を投げかけるのです。今、古土星の変化した状態として、光が生じました。古土星の熱の中で、人格霊が人間になったように、今、太陽から放射する光の中で、大天使が人間になりました。見霊能力をもった誰かが太陽に近づいたとしたら、太陽から発する光だけでなく、その輝きの中に、大天使たちをも知覚したでしょう。

しかしこれらの大天使はその代償として、煙とガスを自分の中に組み込まなければなりませんでした。土星紀での人格霊は純粋な火を見出したのですが、太陽紀に人間となった大天使は、古太陽にしっかりと結びつき、そこを居住地と定めるために、自分の魂の内面を光の素材で織り上げ、自分の魂体をガスでできた外なる身体に組み込んだのです。私たちが体と魂をもつように、太陽紀の人間である大天使は、光を流出させることのできる内面と、ガスや空気から成り立つ肉体とをもったのです。私たちの身体が地・水・風・火から成り立っているように、この大天使の身体は風から成り立っており、その内部は光だったのです。もちろん、火の要素も存在しつづけました。煙と光を生じさせたのは、まさに火だったのです。ですから大天使も、自分の中に火をもっていました。大天使の存在は、光と煙と火から成り立っていました。

当時の太陽空間を旅行する私たちは、ガスと火と光で織られた大天使の身体と出会ったでしょう。大天使はみずからの生命を、光を通して、外に向け、その輝く力を宇宙空間へ流し込みました。そしてそのことによって、自分の内部に生命を、充足した熱い気分を味わいました。太陽惑星の内部で、ガス体を貫く生命を生きました。こうしてみずからのガス体を、一般の太陽成分から区別することができました。

大天使は、他の存在とぶつかり合うことによって、一種の自意識を芽生えさせました。けれども、この自意識が高度に形成され得たのは、大天使がガス体の中に留まることで、太陽成分の中に進んで身を委ねたからでした。古太陽における大天使は、その煙やガスのすべてを、周囲の環境の中にあるものをも含めて、自分の中に取り込むことができました。

太陽紀におけるガスの流れは、まるで呼吸の流れのようです。まったくの無風の状態が生じたとすれば、それは大天使が流れるガスのすべてを吸い込んだからです。けれども大天使は、ふたたびそれを吐き出します。それが外へ流れはじめますと、内部には同時に光が現れます。これが太陽紀の呼吸なのです。大天使がすべてのガスを吸い込みますと、まったく風のない状態が生じます。それは闇であり、太陽の夜なのです。大天使が息を吐き出しますと、太陽は流動する煙に満たされ、そして外へ向けて輝きを発します。太陽が昼になったのです。息を吐くことは、太陽の昼であり、環境を照らし出すことです。息を吸うことは、太陽の夜であり、環境世界全体が闇になることです。

以上で古太陽と今日の太陽との違いを述べました。今日の太陽は常に輝いており、日蝕のときや何かがその光をさえぎったときにのみ、暗くなります。古太陽では、自分自身の中に明るくなったり暗くなったりする力をもっていたのです。それはまさに太陽の呼吸でした。どうぞ、できるだけ生きいきと、この状況を心に思い浮かべてください。息を吐くとき、光が四方に拡がりますが、その代わり、太陽は煙で満たされます。この流動する煙は、規則的な形を示して

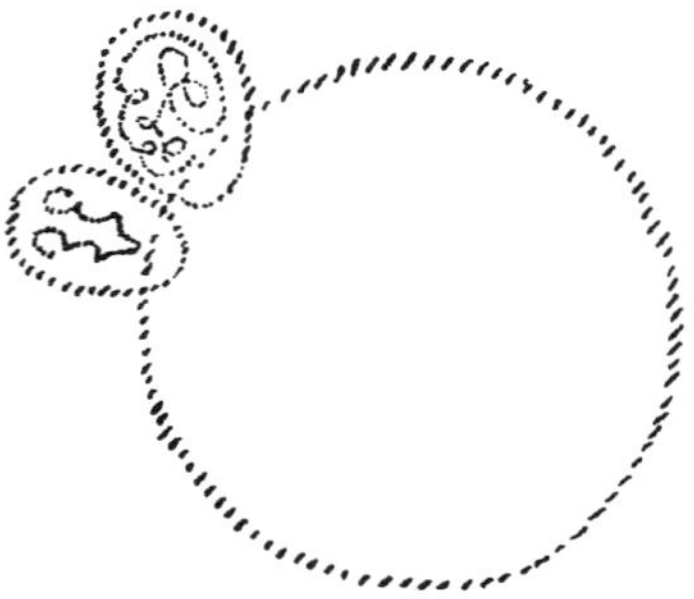

います。息を吐くたびに、規則的な構成体の集まりが、太陽成分の中に、いわば挿入されます。それは以前、単なる熱の卵の形をしておりましたが、今はさまざまな仕方で、規則正しい形体をもった構成物に造り変えられています。内なる生命と内なる規則性をもった、独特な煙の構成体が生じたのです。それはまるで、卵が孵化したかのようです。この濃縮の過程は、まるでひな鳥が卵から出てきたかのように、熱の卵が二つに割れて、規則正しい煙の形体がそこから現れたのです。そしてこの形体こそが、大天使のもっとも濃縮した身体だったのです。

大天使は煙であり、ガスであり、空気である身体の中で、太陽紀を生きつづけました。そして人間存在として、太陽の中を移動しました。私たちは恒星という天体を、霊的に理解することができます。それは、いわばみずからの力によって太陽であることのできる存在のことであり、自らの力によって昼と夜の交替を可能にする存在のことなのです。古太陽はこの意味でまさに恒星でした。自分で光り輝くものはすべて、その光と共に、霊的な使者である大天使の生命を宇宙空間の中へ送り込んでいるのです。

本来アルヒァイ（原初）である人格霊は、進化することで何を生じさせたのでしょうか。彼らは何をしたのでしょうか。太陽存在を現出させたのです。進化の中で土星存在だけが現れるはずだったのに、土星を熱で充たすアルヒァイだけが存在するはずだったのに、アルヒァイが外なる熱の卵を土星に委ねたことによって、土星が太陽になったのです。そしてそれによって、太陽紀に大天使が、人類段階を通過する可能性を見出し、宇宙に新しいメッセージを送りました。「自分たちの前に、人格霊が先行していた。われわれはその使者として、輝く光を通して、内的に灼熱した土星がかつて存在していたことを告知する。われわれはアルヒァイの使者であり、告知者である」と。

アンゲロイとは使者たちのことです。アルヒァイとは原初たちのことです。そして大天使たち（アルヒアンゲロイ）とは以前の時代のアルヒァイの行為についての告知者のことに他なりません。ですから原初の天使、アルヒァイ＝アンゲロイと言うのです。この意味で大天使は、原使者であり、太陽紀の人間なのです。

［訳注］

＊プララヤ――ブラヴァツキーによれば、宇宙の進化は、プララヤという休息期と、マンヴァンタラという活動期の繰り返しの中で経過する。

＊人間――現在の人間は、肉体、エーテル体、アストラル体、自我の四つの存在形態を統合している。（『神智学』参照）

＊ディヤン・チョーハン――ブラヴァツキーの『神秘教義』で用いられている言葉で、惑星の霊を指す。シュタイナーは天使の意味で用いている。

第四講　流　出（一九〇九年四月一三日夜）

今朝お話ししたことからも分かるように、昨日あの『神歌《ギーター》』の意味深い箇所との関連で取りあげた特定の霊的存在たちの救済もしくは、さらなる拘束が、どのように生じるのかについては、見通しやすく、あまりまだ幻影に覆われていない土星紀の状況を見ることによって、より明らかにすることができます。

人格霊の表象力

土星紀における人格霊が、もしそのつど卵形をした熱の体を呑み込み、そして何もあとに残さなかったなら、土星紀の進化が完了したとき、土星全体は霊界に呑み込まれてしまったことでしょう。ところが今朝申し上げたように、そうはなりませんでした。土星紀の人格霊は、本来そうすべきであった以上に、土星全体にみずからをより深く刻印づけたのです。人格霊たちは、すべてを自分の中に取り込まずに、自分の一部分を、外から知覚できる熱の体として、あとに残すことによって、みずからを外界に刻印づけたのです。

一体古土星紀における人格霊には、その際どんな力が働いていたのでしょうか。今日の私たちの思考力と同じ力が働いていたのです。土星紀の人格霊は、ひたすら思考力を行使し、自分の中に熱の卵のイメージを呼び起こすことによって、熱の卵を外に生じさせたのです。人格霊の表象力は、今日の人間の表象力よりも、はるかに強力でした。

今日の人間のイメージ形成力、つまり表象力は、どんな力をもっているでしょうか。私たちがイメージを造るとき、アストラル体の中に形態が造られますが、その形態はアストラル体の外に出ることはありません。ですから、外的＝物質的にこの形態を存在させることはできません。ところが古土星紀の人格霊は、強烈な力をもった魔術師でした。彼らは思考の力によって、土星の熱の卵を内部に形成し、思考の力によってそれを外部に残したのです。ですから古土星のあとに残された部分は、人格霊自身の思考力によってあとに残されたのです。その残されたものは、繰り返し現れました。太陽紀においても現れたのです。

ですから人類段階に達していた人格霊が、周囲の霊界の中から、熱の卵の形態を取り出してくると、その形成された卵は、次の太陽紀に到るまで魔化され、外部に拘束されつづけます。

この場合の状況は、まだそれほど混み入っていないので、昨日述べた事柄をよりよく理解させてくれます。土星の火の中で、霊化され、内なる魂の火となったものは、高次の世界へ上昇していきます。しかしそのような火だけが存在していたなら、土星は高次の世界の中へ消え去ったでしょう。外から知覚できる熱、外的な熱にまで濃縮されたものがあとに残って、次の太陽紀に現れなければなりませんでした。

今朝述べたその他のことにも眼を向けてみましょう。古太陽紀には、大天使または火の霊と呼ばれるヒエラルキア存在たちが、人類段階を通過しました。そして熱の要素は、一方では煙もしくはガスにまで濃縮され、太陽は一箇のガス球になりましたが、その一方でガスが燃焼して、光を宇宙空間の中へ放射するようになりました。そしてその光の流れの中に生き、光を吸い込んだり吐き出したりしていたのが、大天使つまり火の霊だったのです。ですからすでに述べたように、私たちが当時の宇宙空間を旅したとすれば、この古太陽は遠くから輝いて見えたことでしょう。そしてその太陽の内部に入ると、太陽全体が呼吸しているように、さまざまなガスの流れを知覚したでしょう。

このような古土星や古太陽の中には、生命が活発に働いていました。古土星においては、卵たちが新たに造られては、ふたたび解消し、例外的にあとに残されたものもありました。古土星のこの内的活動を見ると、古土星が単一の生命存在であったかのように見えます。本当に生きているかのようだったのです。古土星はそれ自身で独自の生命をいとなみ、その生命活動を通して、絶えず諸形態を造り上げました。この生命活動は、もっと高度な仕方で、古太陽にも生じました。古太陽は全体として、太陽の昼と太陽の夜という光の呼吸を繰り返しており、このことによって、古土星も古太陽も、死んでいるのではなく、生きているという印象を与えたのです。

さて、生命体はすべて、霊的存在たちに支配されています。ですから内的に生きて働いていると言えます。先ほどは、人格霊がその思考力を通して卵の諸形態を造った、と言いましたが、それにはあらかじめ、この卵たちの素材がなければなりません。人格霊（アルヒァイ）はこの素材そのものを創造することはできません。素材となるべき未分化の火そのものが、まず存在していなければなりません。火もしくは熱をどこからか取ってこなければなりませんでした。人格霊はその火を素材として受けとったのです。土星紀の人格霊は、どこからこの熱素材を受けとったのでしょうか。古土星紀よりもはるか以前の宇宙紀に人類段階を通過していた高次の霊的存在から、それを受けとったのです。古土星紀の火＝熱の要素を提供したこの崇高な存在たちのことをイメージするには、それを人間自身の進化の過程と比較してみなければなりません。人間もまた、いつかは神的存在になるのです。

人間の七分節化

今日の人間は、四つの存在部分から成り立っています。すべての神智学の鍵は、人間が肉体、エーテル体、アストラル体、自我から成り立っていることを理解することにあるのです。私たちがすでに学んだように、人間はこれからもさらに進化を続け、まずアストラル体をまったく自我の支配下に置くために、アストラル体を造り変えるという、自我の内的作業を行ないます。そしてアストラル体が自我によって完全に支配されるまでに変化されたとき、そのアストラル体はみずからの中に霊我（もしくはマナス）を含むようになります。自我の支配を受けたアストラル体は、霊我（もしくはマナス）なのです。同様のことがエーテル体についても言えます。自我がさらに重要な作業を行ない、エーテル体の抵抗する力を克服するとき、その変化したエーテル体は、生命霊（もしくはブッディ）なのです。そして最後に、自我が肉体を支配して、肉体の極めて強い抵抗力を克服するとき、その人間はみずからの内に霊人（もしくはアートマ）をもつに到ります。

そのようにして、私たちは七つに分節化された人間になるのです。すなわち肉体はアートマもしくは霊人に変化されます。外に向けては、肉体は肉体として現れますが、内的にはその肉体は自我によって支配され、自我によって灼熱化されています。そのような肉体は、肉体であると同時に、アートマなのです。エーテル体はエーテル体であると同時に、生命霊もしくはブッディなのです。そしてアストラル体は、アストラル体であると同時に、霊我もしくはマナスなのです。そして自我はそのすべての支配者になります。そのようにして、人間は進化のより高次の段階へ昇っていきます。そして使徒パウロの友であり弟子であったディオニュシウス・アレオパギタが言うように、人間はみずからをそのように変化させて、みずからの「神化」へ向けて働くのです。しかし進化は、ここで終わるのではありません。

受ける存在から与える存在へ

人間は、自分の肉体を完全に支配できるまでに進化したとき、霊人よりもさらに高次の進化段階を眼の前にします。そしてこの存在たちがますます進化を遂げますと、超人的な存在たちが眼の前に現れます。そしてこの存在たちがますます強力になり、ますます圧倒的に見えてきます。強力になる、というのは、どういう意味でしょうか。その存在たちが、はじめは求める存在であり、何かを必要とする存在として、世界から何かを要求してきたけれども、あとでは何かを与えることのできる存在になった、ということです。

人間もまた、受けとる側から与える側へ移っていくことの中に、進化の意味があるのです。この点で、人間の生まれてから死ぬまでの生き方に、宇宙進化の類比を見ることができます。子どもは頼りなく、周囲の人の助けを必要としています。そしてその状態から次第にぬけ出して、遂には周囲の人を助ける側になります。宇宙における壮大な人類進化についても、同じことが言えるのです。

人間は土星紀において、人間萌芽*として存在していました。人間は、このときにいわば進化の過程の最初の萌芽として現れたのです。そのような状態から、太陽紀、月紀を通って地球紀に到りました。そして自我を獲得した今、次第に自我をアストラル体とエーテル体と肉体に作用させる準備ができるまでに到ったのです。こうして人間は、次第に宇宙的規模においても、与えることのできる存在になっていきます。次第に受ける側から与える側へ、宇宙的に与える側に入っていくのです。

私たちはそのような例を、今日の午前に述べた大天使の場合にも見ることができます。大天使はすでに太陽紀において、光を宇宙空間に送ることができるまでに進化を遂げたのです。そのように、進化は受けとる側から与える側へ進みます。

しかし与える範囲は、非常に広範囲に及びます。なんらかの存在が、思考内容を与えるだけだったとしたら、まだ十分に与える側に立っているとは言えません。どれほど思考内容を与えたとしても、与えて去ったあと、状況は以前のままだからです。高次の意味でも、実質的なものを与えたのではありません。しかしさらに進化を遂げると、思考内容を与えるだけでなく、たとえば土星紀の人格霊が必要としたような、熱素材を与える存在になるときが来ます。

流出

古土星紀の熱＝火の素材を自分の中から流出できるまでに高次の進化段階に立っていたのは、一体誰だったのでしょうか。それは「トローネ*」と呼ばれる存在たちでした。

トローネは宇宙の周囲から宇宙の一点に自らの存在を流出して、古土星を形成しました。それは低次の段階で蚕が自分の体を使って絹糸を紡ぎ出すのと同じ行為でした。トローネは熱素材を紡ぎ出し、それを古土星の祭壇に供えたのです。人格霊はこの熱に人格を、自我意識を与えたにすぎません。宇宙から流れ集まってきた熱の実体は、崇高なトローネから流れ出たものなのです。ですから土星紀に存在する熱の卵たちは、何から成り立っていたのかといえば、トローネの体から引き出されて、供犠に捧げられたものからなのです。

しかし人格霊とトローネだけでは、土星紀のあの内なる活動はまだ生じなかったでしょう。人格霊は熱を素材として形成する力をもっていましたが、自分たちだけでそうできたのではありません。人格霊の十分な内的活動を生じさせるためには、トローネよりも低次で人格霊よりも高次の、別の霊的存在たちが、古土星に居住していなければなりませんでした。その存在たちは、人格霊を助ける使命をもっていました。今日の人間も、上位に天使、大天使、人格霊を戴いています。これらの霊たちは、私たちよりも高次のヒエラルキアに属します。トローネは人格霊のすぐ上に位置してはいません。人格霊とトローネの間には、ディオニュシウス・アレオパギタが「エクスシアイ」と呼んだ存在たちがいます。「権能」たちです。この「権能」または形態霊は、人格霊よりも一段高次の存在です。彼らは当時、今日の天使が私たちに対するように、人格霊に対していました。この形態霊よりも一段高次の存在は「デュナミス」、つまり「力動」または運動霊たちです。彼らは今日の私たちに大天使が対するように、人格霊に対していました。そして力動たちよりも一段高次の存在は「キュリオテテス」、つまり「主」または叡智霊たちです。彼らは人格霊、つまり原初が私たちに対するように、人格霊に対していました。そしてその一段上がトローネです。

このように土星紀では、存在たちの一連の系列が共同で働いていました。自我意識を働かせて行動する人格霊、その人格霊より四段階も高次のところに立ち、火の素材を流出するトローネ、その両者の間にあって、土星紀のすべての活動を統治し制御する形態霊、運動霊、叡智霊、つまりエクスシアイ、デュナミス、キュリオテテスたち、これらが古土星の居住者たちでした。

さて、今朝述べたように、古土星が古太陽に進化したとき、今述べた存在たちも一段ずつ進化しました。そしてそのことの外的、物質的な現れは、熱がガスにまで濃縮した、ということなのです。古太陽はガス体です。古土星は暗い存在でしたが、古太陽は外へ向けて輝きはじめました。しかしその輝きは、昼と夜で変化しました。その変化に注目するのは、神智学にとって特別に重要なことです。なぜならこの古太陽の昼の生活と夜の生活の間には、非常に大きな相違があるからです。私が先回と今回述べたことだけしか起こらなかったとしたら、古太陽紀の人間であった大天使は、太陽の昼に、光線とともに宇宙の彼方へ拡がり、そして太陽の夜に、ふたたび太陽に戻ってきたでしょう。しかし、そうはなりませんでした。

ここで私はふたたび卑俗な比喩を使って、この大天使の行動を特徴づけてみようと思います。

宇宙の中へ漂い去っていくのは、大天使にとって非常に好ましいことでした。ふたたびもとの場所に戻るよりも、宇宙の彼方へ拡散していく方が、はるかに好ましいことだったのです。元の場所に戻るのは、制限されて、低いところに押し込められることでした。大天使は光エーテルの中に生きるのが好きなのです。

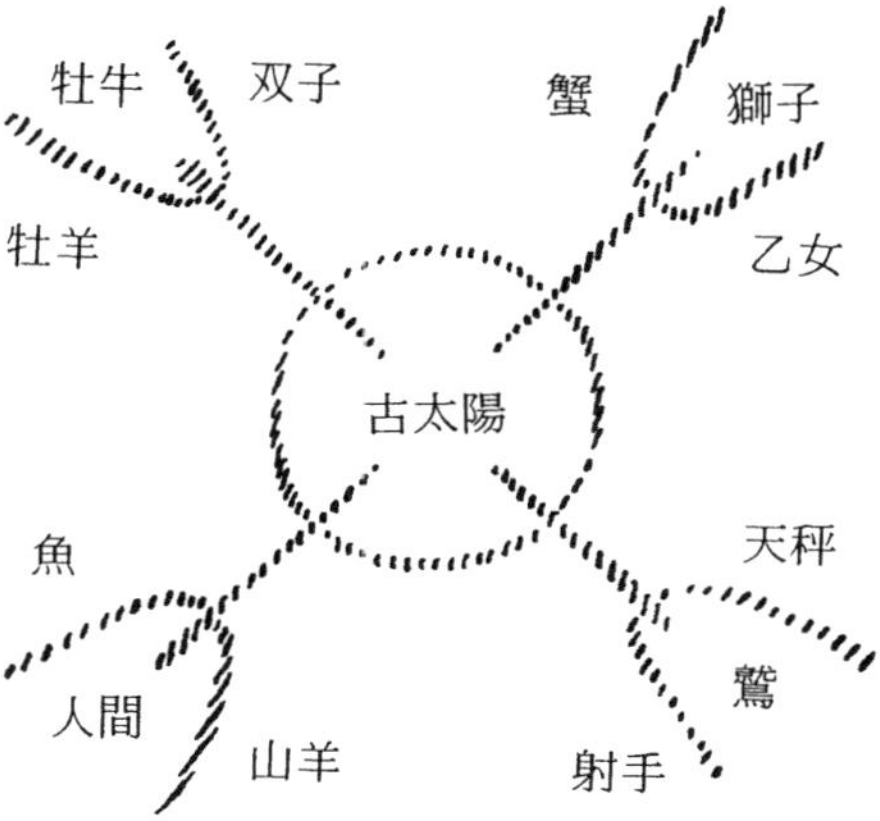

しかし、もし何かが周囲から手をさしのべてくれなかったなら、一定の限界を超えて光エーテルの中に拡がっていくことはできなかったでしょう。太陽の夜に、いわばおとなしく、ふたたび太陽に戻ることしかできなかったでしょう。けれどもそうなりませんでした。外なる宇宙の中に留まる時間がますます長くなりました。ますます霊界に滞在しつづけるようになりました。一体何がそれを可能にしてくれたのでしょうか。

上の図の中心の円が古太陽の球であると考えてください。大天使はこの太陽球から宇宙空間のあらゆる方向へ拡がっていきます。大天使の存在が宇宙へ霊的に拡がりますと、この拡張する大天使に宇宙から助けがやって来るのです。以前の古土星紀にトローネの火の要素が宇宙から流れてきたように、今外へ出ていく大天使に、トローネよりもさらに高次の存在たちが向かってきます。そうでないときよりも、もっと長い間、外なる霊界に留まれるように、助けてくれるのです。

ケルビーム

霊的空間から大天使を迎えいれたのは、ケルビームと呼ばれる特別崇高な存在たちでした。彼らはいわば両手を広げて大天使を受けとめる力をもっていたのです。大天使たちが拡がっていくと、ケルビームが宇宙からそれに応えます。古太陽体のまわりを、近づいてくるケルビームが取りまくのです。ちょうど、地球が大気圏に取りまかれているように、大天使のために、ケルビームの王国が古太陽を取りまいたのです。大天使たちは、宇宙空間へ出ていくとき、自分たちの偉大なこの協力者たちを霊視します。

さて、この偉大な協力者たちは、どのようにして大天使を迎えたのでしょうか。彼らはどんな様子だったのでしょうか。もちろんそれはアカシャ年代記を読むことのできる見霊意識だけが語れることですが、この偉大な協力者たちは、特定のエーテル形姿をとって現れたのです。伝承を通してこの意味深い事実についての意識を保っていた私たちの祖先は、このケルビームの姿を、さまざまな頭部をもった有翼の動物として描いてきました。すなわち有翼の獅子、有翼のわし、有翼の牡牛、有翼の人間としてです。事実、ケルビームは四方向から近づいてきました。今述べたような姿をとって、近づいてきたのです。ですから、後アトランティス期最初の秘儀参入者の弟子たちは、四方向から古太陽へ接近してくるケルビームを、牡牛、獅子、わし、人間という名前で呼んだのです。

このことについては、あとでもっと詳しくお話ししようと思います。今日は古太陽を生命化する、人間としての大天使が、宇宙空間の中へ赴いたときに、四方から四種のケルビームがその大天使を迎えている光景に、一度眼を向けておきたいのです。大天使は、このケルビームの働きのおかげで、古太陽を取りまく霊界により長く滞在できるようになりました。実際、このケルビームの霊的な影響は、この上なく強力に大天使たちに及ぼされました。しかしケルビームが古太陽の近くにまで来たので、大天使以外のところにもその作用力が及びました。

動物萌芽と黄道十二宮

存在は常に一対一の関連の中にいるのではありません。たとえば部屋に二人の人がいたとします。ひとりが部屋をもっとあたためます。しかしもうひとりはそう望んではいなくとも、その部屋にいなければならない以上、部屋はあたたかくなります。宇宙空間から輝いてくるこのケルビームたちの場合にも、このことがあてはまります。彼らは光元素にまで達して、光元素の中で生きることのできた大天使たちに働きかけましたが、しかし光元素が流れ出ない太陽の夜にも、ケルビームは天空に存在しつづけました。暗い時期の古太陽惑星は、単なる熱いガスにすぎず、太陽球の中は熱いガスが流れているだけでしたが、その周囲にはケルビームがいて、暗いガスの中へ働きかけていました。

ケルビームは、正常な仕方で大天使に作用できなかったとき、濃縮された熱である古太陽のガス体に作用を及ぼしたのです。その結果、今日の動物界を生じさせる最初の萌芽が、太陽紀の太陽の霧の中から創り出されました。古土星で人間界の最初の萌芽が成立したように、太陽紀に動物界の最初の萌芽がガスから創り出されました。土星紀には熱から人体の最初の萌芽が形成され、太陽紀には太陽ガスに映し出されるケルビームの姿を通して、煙のように立ち動く最初の動物体の萌芽が形成されました。

太陽の昼には、腕を広げて大天使を迎えいれ、太陽の夜には、動物界の最初の物質体萌芽を太陽ガスから引き出したのが、ケルビームです。動物界の最初の物質体萌芽がそのようにして太陽の霧の中から成長していきます。私たちの祖先は、秘儀を通して、宇宙論上特に意味深いこの事実を学び、宇宙空間のさまざまな側面から古太陽に働きかけていたこの存在たちを、黄道獣帯（黄道十二宮）と名づけました。

以上が黄道獣帯の起源です。土星紀において人類萌芽を形成するために、トローネは現在の人体を構成している原素材を犠牲行為によって流出しました。太陽紀における最初の動物萌芽は、ケルビームの姿を通して、ガスにまで濃縮された熱素材から引き出されました。動物は、はじめは、太陽紀における黄道獣帯の模像だったのです。黄道獣帯と太陽紀に生じた動物萌芽との間には、深い関係があるのです。

今日の動物は、太陽紀に生じたその動物の戯画です。まことに、古代における名称は、事柄の本質を示しております。古代人は、決して勝手な思いつきで名をつけたりはしません。今日、小惑星の中に新しい星が発見されると、天体観測中幸運にもそれを発見できた天文学者は、辞書を開いてギリシア神話の中から、まだ使われていない神の名を探し出して、それをその星の名前にしますが、秘儀が栄えていた時代には、決してそのような名づけ方はしませんでした。当時の名称には、常に事柄の深い意味が込められていたのです。

今日の戯画化された動物形態は、当時の黄道獣帯の形姿から取り出されました。先ほどはまず、その中の四つの名称だけを取りあげました。それはケルビームの姿の主要な名称でした。そのケルビームの姿は、右と左に一種の脇侍、随伴者を従えています。四つのケルビームの形姿がそれぞれ両脇侍を従えている様をイメージすれば、古太陽を取りまく十二の作用力——それはすでに土星紀にも潜在的には働いていました——をそこに見出すことができるでしょう。

それはケルビームの領界に属する十二の作用力なのです。この作用力によって、今述べた宇宙の使命が果たされなければならないのです。

それでは一体、この十二の作用力は、通常の黄道獣帯の名称とどのような関係にあるのでしょうか。それについては、次回で述べようと思いますが、ただその十二の作用力のうち、いくつかは名称が変化しています。通常、牡羊座、牡牛座、双子座、かに座、獅子座、乙女座、天秤座と続きますが、次のわし座は後に述べる理由からさそり座に変化しました。次いで二つの脇侍座である射手座と山羊座になり、人間座も後に述べる理由から、水瓶座に変わりました。最後にくるのは魚座です。

ですから主要な四方向に由来する真の形姿は、ただ牡牛座と獅子座の中にのみ残されています。黄道獣帯がなぜこのように変化しなければならなかったのかは、このあとの講義でお話しするつもりです。

以上見てきたように、高次の霊的ヒエラルキアのうち、まずトローネが、みずからの実体から熱物質を古土星上に流出しました。次に、より高次のケルビームがこの熱素材に由来する光を自分の中に受けいれ、その光をいわば浄化し、高めました。けれども宇宙においては、何かが向上すれば、その代償として下降が生じなければなりません。ケルビームは、夜の間も働きつづけて、人類の下位に立つ動物たちの形態を、霧や煙やガスにまで濃縮された熱素材から造り出すのです。

　私たちは以上で、太古の叡知が教える宇宙の霊的存在たちと、私たち人間に固有の宇宙星体との共同作業について、最初のイメージをもつことができました。さらに私たちは、外的、物質的な現象は必ず霊的存在に由来する、ということも学びました。物質的な観点から今日黄道獣帯と呼ばれているものは、ケルビームの輪舞に由来するのです。ケルビームは宇宙の周辺から古太陽に働きかけ、一方、古太陽はその輝きをこの宇宙周辺に向けて放射します。

　このようにして黄道獣帯という重要な概念を導き出すことができました。明日はこの考察をさらに続けて、太陽系の諸星体に眼を向け、諸惑星と霊的ヒエラルキアとの関連をより明らかにしていきたいと思います。

［訳注］
＊アストラル体――人間の四つの存在部分、つまり肉体、エーテル体、アストラル体、自我の中で、人間の内面生活を可能にする働きを司っている部分。
＊人間萌芽――地球紀において人間の段階にまで進化した現在の人類は、土星紀においては熱の体だ

けから成る人間萌芽の状態で存在していた。
*トローネ——意志霊。九つのヒエラルキアの中では、セラフィーム、ケルビームに次ぐ第三位。

第五講　太陽系の進化　（一九〇九年四月一四日）

古土星をイメージする

これまで高次の霊的存在たちの働きについて、古土星紀とその生まれ変わりである太陽紀を例にあげて述べてまいりました。これからお話ししなければならないのは、高次の存在たちのいる霊界そのもの、並びに高次の存在たちの働きについてです。この連続講義の前半では、皆さんの多くがすでにこれまでにお聞きになった事柄をいろいろと申し上げましたが、皆さんの中には前提となる話をまだあまり聞いたことのない方々も大勢いらっしゃると思います。いずれにせよ、この連続講義では、霊界の諸領域を生きいきとイメージするための前提を、いろいろと申し上げなければならないのです。

これまでの話からも分かるように、進化を遂げる宇宙系の内部には、非常に多様な仕方で霊的存在たちが活動しています。その意味で古土星を、もう一度はっきりとイメージしてみましょう。もちろん古土星は現在の土星と直接の関係はありません。むしろ現在の太陽系のすべては、萌芽の状態で、この古土星の中にすべて含まれていました。太陽、月、水星、金星、火星、木星、これらすべての天体が古土星の中に含まれ、そしてそこから形成されたのです。現在の太陽を中心にして、現在の土星までも含んだ巨大な天体を考えてくだされば、現在の太陽系をも凌駕する規模の、かつての土星の大きさがイメージできるでしょう。私たちの全太陽系はこの古土星から生じました。現代人の多くが太陽系の始まりと考えているカント＝ラプラス星雲全体にほぼ一致する大きさです。とはいえ、この比較は完全に正しくはありません。大抵の人は太陽系の出発点を一種のガスのように考えていますが、それはガスではなく、熱からできていたのです。熱からなる巨大な天体、それが古土星なのです。

昨日述べたように、古土星が古太陽に変化したとき、ケルビームが周囲の宇宙から働きかけました。古太陽の周囲で働くこのケルビームは、すでに古土星の周囲にも存在していたのですが、まだ活躍する時期に来ていなかったのです。ケルビームよりも一段高次のセラフィームたちも古土星の周囲に存在していました。そしてあのトローネも同じ領域にいて、そこから熱を流出したのです。トローネたちの場合、いわばその実体が古土星にまで降りてきて、すでに述べたように、熱実体を形成したのです。ですから古土星は熱からなる巨大な球体であり、その周囲を非常に崇高な霊的存在たちが輪舞していたのです。そのようなキリスト教神秘学で言うトローネ、ケルビーム、セラフィームは、東洋の教えでは、五仏（ディヤーナ存在）と呼ばれています。

それでは一体、崇高な存在たちのこの輪舞はどこから来たのでしょうか。宇宙における一切は進化を遂げてきたのですが、進化の発端に立つこのケルビーム、セラフィーム、トローネがどこから来たのかを考えるのでしたら、私たちの太陽系が未来においてどうなるのかを、考えなければなりません。

太陽系の進化過程

私たちの太陽系は、古土星から始まり、次いで古太陽に変化し、月紀に到りました。太陽紀から月紀へ到る間に、特別の進化が生じました。初めて太陽から月が分離したのです。初めて古太陽の外に、別の天体が生じたのです。その結果、太陽は粗野な成分を排出して、一層高次の進化を遂げます。

さて、次に月紀は、地球紀に発展します。私たちの地球が生じたのは、月と共に粗野な成分、粗野な存在を担って、太陽から分離したことによるのですが、しかし進化の過程はさらに先まで行きます。太陽からいわば投げ出されて、今地球上で暮らさなければならない存在たちが、太陽から離れた状態のままで、さらに進化を遂げていきます。この存在たちは、さらに木星紀の状態を通過します。そしてそうすることによって、ふたたび太陽と結合します。金星紀に到りますと、現在地球上で生きているすべての存在たちがふたたび太陽の中に受容され、太陽自身もかつて排出したすべての存在をふたたび取りもどすことで、一段と高次の進化を遂げるのです。そのようにして私たちの宇宙系は、その最高の進化段階であるヴルカン星紀に到ります。土星紀、太陽紀、月紀、地球紀、木星紀、金星紀、ヴルカン星紀というのが、私たちの宇宙系の七つの進化段階なのですが、ヴルカン星紀においては、土星紀以来のすべての存在たちが完全に霊化されて、共に、太陽というよりは、超太陽になるのです。ヴルカン星は太陽以上の存在になります。つまり犠牲になるにふさわしい成熟を遂げて、みずからを解消させるのです。

或る宇宙系の出発点において、ひとつの太陽が成立しますが、その太陽は、はじめは弱体なので、自分の中から諸惑星を排出することで、みずからの進化を遂げざるをえません。それが進化前半の諸段階です。

太陽が強くなりますと、その諸惑星をふたたび受容してヴルカン星になり、そしてそのあと、ヴルカン星からひとつの空虚な球体が生じます。その球体は、トローネ、ケルビーム、セラフィームの輪舞に似ています。つまり太陽が宇宙にみずからを供犠として捧げますと、それ自体が、セラフィーム、ケルビーム、トローネのような存在たちの輪舞となり、宇宙における新しい太陽系の創造へと進んでいくのです。

なぜトローネは、自分の実体を土星のために流出できたのでしょうか。なぜならトローネは、以前の太陽系の中で、現在私たちの太陽系が通過しているような七段階を通過して、そのための準備をしたからです。トローネ、ケルビーム、セラフィームが生じる以前に、別の太陽系が存在していなければなりませんでした。そしてその太陽系の太陽が自分の諸惑星とふたたび結合するところにまで達したとき、その太陽は周囲になり、黄道獣帯になったのです。私たちの知っている黄道獣帯は、古い太陽系だったのです。その太陽系が解消されて、私たちの宇宙空間を取りまき、そして私たちの新しい太陽系を創造したのです。セラフィーム、ケルビーム、トローネという最高のヒエラルキアに属する神的存在たちは、みずからの太陽系における進化の過程をすべて辿り、そして今、「与える存在」として、偉大な宇宙的供犠を行なうに到ったのです。

このことによって、これらの神的存在は、そもそも私たちが語ることのできる最高の神的叡智である「三位一体」のすぐそばにまで達しました。ほとんどすべての民族の下に「図り難い至高の神性」として見出すことのできる、あの根源の宇宙叡智（第一講参照）が、セラフィームを取りまいて存在します。この神性は、ブラフマとシヴァとヴィシュヌとしても、父と子と聖霊の三位一体としても表現されてきました。それぞれの新しい宇宙系の計画は、すべてこの至高なる宇宙叡智に由来するのです。

土星紀について言えば、この古土星の存在する以前に、宇宙叡智の中にそのための計画が生じました。しかし宇宙叡智には、その計画を実行に移してくれる存在たちが必要でした。そのような存在たちは、そのためにまずみずからを成熟させなければなりません。西洋のキリスト教神秘学が述べている「神性を直接仰ぎ見ることのできる」存在たちがセラフィーム、ケルビーム、トローネです。これらの存在は、宇宙叡智から、新しい太陽系の計画を受けとります。

ただし、こういう言い方は比喩的でしかありません。なぜなら私たちは、人間の言葉では通用しないような崇高な事柄を、その人間の言葉で表現しなければならないのですから。人間の言葉は、このような高次の活動を表現するためにあるのではありません。私たちの太陽系の始めに、セラフィームが土星紀からヴルカン星紀に到る進化の全過程についての宇宙叡智の至高の計画を受けとる、と語るとしても、そのような高次の活動を具体的に表現する言葉を、私たちはもっていないのです。

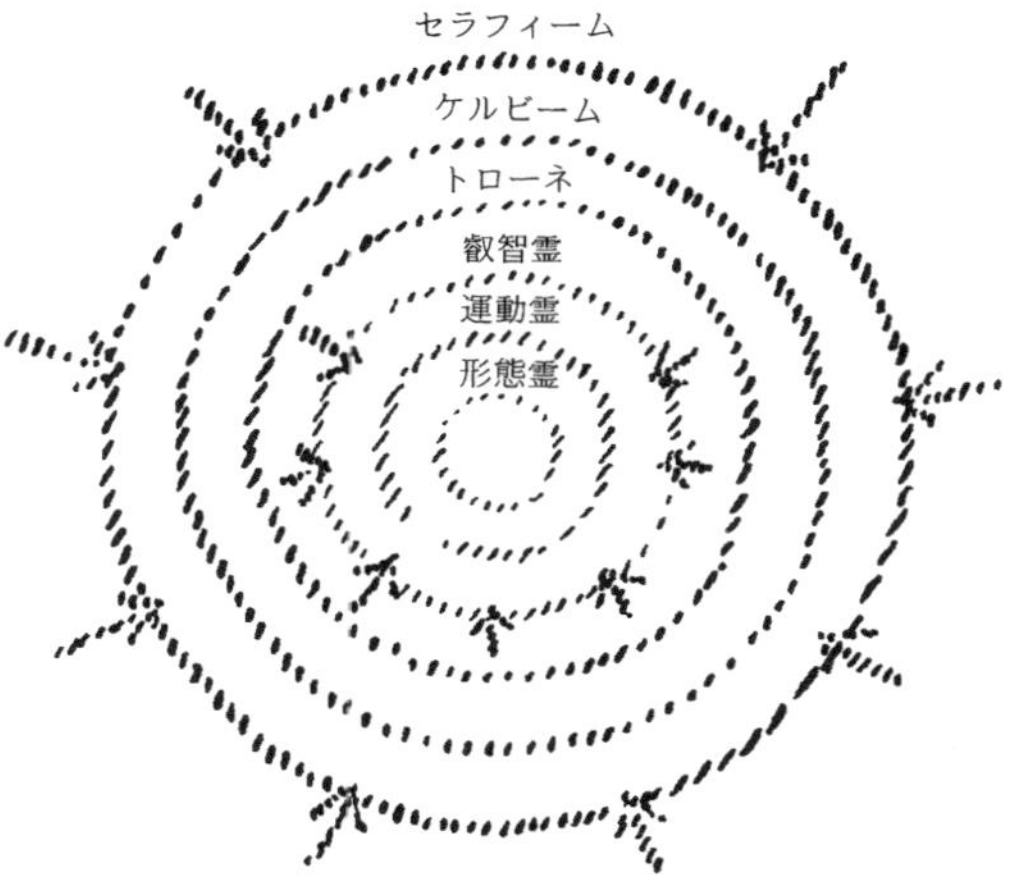

セラフィームとは、古代ヘブライの秘教の意味で理解すれば、或る太陽系の至高の理念、至高の目標を宇宙叡智から受けとるという課題を担った存在のことです。ケルビームは、この至高の目標、理念を実現可能な計画に置きかえるのです。そしてトローネは、もちろん比喩的な言い方になりますが、セラフィームが直観し、ケルビームが考え抜いたその崇高な宇宙思想を実践するという課題を担って

います。

神の摂理を実行に移す第一歩が、トローネによる火の流出によって生じたことを、私たちは言葉ではなく、魂の眼で見ようとしなければなりません。そうすれば、ケルビームの構想を現実におきかえる力がトローネにあることが分かります。トローネは新しい太陽系のために、予定された空間の中にみずからの実体である熱を流出したのです。このことを生きいきと心に思い描くには、次のようにイメージしなければなりません。――「古い太陽系が消えたとき、この古い太陽系の内部で、第一ヒエラルキア、すなわちセラフィーム、ケルビーム、トローネという三重の神性は、宇宙叡智に従って、宇宙空間の中にひとつの球空間を選び出し、そしてわれわれはここから始めよう、と言い合った。セラフィームは新しい太陽系の目標を直観し、ケルビームはその目標を実現するために構想を練り、そしてトローネは自分の本性の中から火をこの球空間の中へ流しこんだ」――これが私たちの宇宙の発端なのです。

第一ヒエラルキアと第二ヒエラルキア

しかし私たちの太陽系に先行するかつての太陽系には、別の存在たちも働いていました。それらの存在はセラフィーム、ケルビーム、トローネよりも低次の段階に立っていましたので、創造的な活動を行なうことも、供犠を捧げることもできませんでした。ですからさらなる発展を遂げるために、私たちの太陽系にやってきたのです。それが第二ヒエラルキアの存在たちでした。第一ヒエラルキアについては、今述べました。第二ヒエラルキアの存在たちは、キュリオテテス（主）または叡智霊と、デュナミス（力動）または運動霊と、エクスシアイ（権能）または形態霊という三重の神性です。

そこで次のような問いを出してみましょう。――「古土星の周囲に第一ヒエラルキアが存在したのだとしたら、第二ヒエラルキアの叡智霊、運動霊、形態霊はどこにいたのだろうか」

これらの存在は、古土星の内部にいたのです。

そこで今、カント＝ラプラス理論のような、非常に空想的な近代の宇宙発生論について考えてみましょう。私たちの太陽系の出発点は、ひとつの霧のかたまりだったというのです。そしてその巨大なガスのかたまりが回転し始めるのです。もしもそれが回転すれば、次第に諸惑星がそこから分離していく、というのは非常に分かりやすい考え方です。はじめそれらはリング状になり、それから収縮していき、中心には太陽がとどまり、他の諸天体は太陽のまわりを回転します。その過程はまったく機械的に考えられています。

中学校でもこのことを明瞭に理解するための実験が行なわれています。ごく小さな太陽系を形成する実験です。先生は容器に水を入れ、そこに油の滴《しずく》を浮かべます。それからその油滴の大きさにカードを切りとり、それを水中に入れて、まん中に刺した針でそれをコマのように回すのです。そうすると、油滴も回り出して、小さな滴に分かれて、それぞれ回転するのです。そこで先生が言います。——「見てごらん。これが太陽系の始まりの姿だ」——こんなによく分かる実験はありません。小さな太陽系の発生を眼で見ることができるのですから。大宇宙にかつて巨大な霧のかたまりがあり、それが回転しはじめると、大きな油滴から分かれた小水星、小土星などが、それぞれ回転しながら分離していくのです。これ以上分かりやすい例はありません。けれども私たちはこの実験の素朴さについて、少々驚かないわけにはいきません。なぜなら、カント＝ラプラス理論を分かりやすく説明しようとする先生は、この場合決して忘れてはならないひとつのことを、見事に忘れているからです。すなわち先生は自分の存在を忘れているのです。先生がそこに立って、水に回転運動を与えたことを忘れているのです。近代唯物論的な神話の素朴さは、他のどんな神話よりも徹底しています。未来の時代はこのことに気がつくでしょう。

いずれにせよ、そこには誰かがいて、全体を回転させなければなりません。論理的であることを放棄するのでなければ、天体の回転に際しては、外宇宙においてもなんらかの力がそこに働いている、と考えなければなりません。根源のガスが根源の火の代わりに措定されている誤りを度外視したとしても、このガスのかたまりがおのずから回転しはじめる、と前提することは許されないのです。根源の火のかたまりを運動させて、そこに何かを生じさせる力は、どこにあるのでしょうか。私たちはその力を土星の周囲と土星の内部の中に見ました。周囲の力は、以前の太陽系においてその能力を獲得した存在たちです。その力は外から働きかけています。内部には、第二ヒエラルキアの存在たちが働いています。彼らは内部を分化し、内部に熱の構成体が生じるようにしています。それは非常に優れた叡智の存在であり、生起するすべてに秩序を与える存在です。

第二ヒエラルキアのキュリオテテスは、トローネが流出したものをまず受容し、それを秩序づけ、そこに生じた古土星と全宇宙との間に調和を生じさせます。土星の内部のすべてが外部のすべてに対応するように、すべてを秩序づけるのです。セラフィーム、ケルビーム、トローネが直観した神の摂理を古土星の中で秩序づけ、その衝動が実現されるようにしなければならないのです。ですからキュリオテテスは、第一ヒエラルキアを通してもち込まれたものを土星の周囲から受けとり、それを形成して、土星の中に生かします。

キュリオテテスが受けたものは、さらにデュナミスによって形成されます。キュリオテテスが土星の内部で、いわば至上命令を発する一方、デュナミスはその命令を実行に移します。これに反してエクスシアイは——詳細はあとにゆずりますが——宇宙の意図に従って形成されたものを、存続させるように配慮するのです。彼らは維持する存在たちなのです。キュリオテテスは命令者であり、デュナミスは執行者であり、エクスシアイは、デュナミスの打ち建てたものの維持者なのです。

今日は第三ヒエラルキアに属する人格霊、火の霊、天使の働きについては触れないでおきます。その代わり、今日新たに獲得できた認識内容をもって、古土星から古太陽への移行について考えてみようと思います。その経過の本質は昨日お話しいたしました。古土星が古太陽になるとき、火がガスまたは空気に移行しました。古太陽は火の残滓から成り立っていました。残った火が、ガスまたは煙に濃縮したものと混合しました。二つの実体がそこにありました。残された火とガスまたは煙とです。現在の太陽は別のものになってしまっています。太陽の内部は今日でも一種のガスである、と主張する人びとがおりますが、今日の太陽は、これまでの諸経過の間に、別のものに進化してしまっています。

火の霧

さて、私たちは現在の太陽ではなく、火と火の霧とから成り立っているあの古太陽を取り上げています。『ファウスト』の中には「火の霧」という表現が見られます。実際ゲーテは「火の霧」のことを非常によく知っていました。神智学の文献の中にも、「火の霧」という表現はよく出てきます。古太陽は火と霧という二つの実体の混合なのですが、このような混合は、ひとりでに生じることはありません。宇宙の諸天体はひとりでに生じたりはしません。霊的存在たちによる濃縮化の結果生じたのです。

それでは古土星から古太陽へ、実体を濃縮化させたのは、どのような霊的存在たちだったのでしょうか。それはキュリオテテスに他なりません。キュリオテテスが巨大な古土星のかたまりを外から圧縮し、そして現在の太陽を中心にした木星の軌道までの直径をもった、巨大な古太陽を生じさせました。古土星は、現在の太陽を中心にした土星の軌道を直径とするくらいの、つまり私たちの太陽系全体ほどの大きさでした。古太陽は、今日の木星の軌道を直径とするくらいの大きさの天体でした。今日の木星は古太陽の広がりの境界なのです。そのように、現在の諸惑星の中に、古天体の広がりの境界を見出すことができるのです。

このようにして私たちは、ヒエラルキアの活動に基づく惑星理論に到ることができます。さらに先へ進みましょう。濃縮化はさらに進行します。私たちの太陽系の第三の状態は月紀です。『アカシャ年代記』で述べたように、太陽の成分は月紀になって、水の状態にまで濃縮しました。月はまだ固い大地をもっていませんでしたが、火と空気と水をもっていました。ガスまたは空気の一部分が水の要素にまで濃縮されたのです。誰がそうしたのでしょうか。第二ヒエラルキアの第二のグループ、デュナミスがそうしたのです。古太陽の大きさを今日の火星の軌道の範囲にまで圧縮したのは、デュナミスなのです。火星は月紀の大きさを示す境界石です。中心の太陽から今日の火星の軌道にまで広がる球を思い浮かべるなら、それがかつての月の大きさなのです。

古い月が古太陽から生じ、しばらく経過したとき、まったく新しい事態が起こりました。そのとき、二つの天体が生じました。そのひとつは、精妙な成分だけから成る太陽になり、第二の天体はますます濃縮して、古い月になりました。単一の天体であったときの月の大きさは、今日の火星のところにまで達していたのですが、次いで太陽が縮小し、そしてその縮小した太陽のまわりを古い月が回転するようになります。今日の火星と同じ公転範囲、つまりもとの単一の天体の外辺を、古い月が回転するようになるのです。

天上の争い

この分離は、デュナミスの支配する時期に生じました。宇宙全体の中には、通常の人間生活におけると同じようなことが生じるのです。進化の過程で、進歩していく存在たちと停滞する存在たちとが現れます。或る学習内容を、或る人はひと月で習得し、別の人は、二年かけて習得します。そのように、進化の過程にはさまざまなテンポが生じます。宇宙全体にも同じことが当てはまります。特に、あとでお話しする理由によって、デュナミスがその役割を引き受けたあと、すべての秘教、すべての秘儀において「天上の争い」と呼ばれる事態が生じました。天上の争いについての秘儀は、すべての秘儀における不可欠な部分をなしています。そしてそこには悪の成立についての根源的な秘密も含まれているのです。

デュナミスは月紀の特定の時点で、非常に相違した成熟度を表わしていました。或るデュナミスたちは可能な限り霊的に高まろうと望んでいましたが、別のデュナミスたちは正常な仕方以上に進化しようとはしませんでした。ですから月紀においては、他の仲間よりもずっと先まで進歩していたデュナミスたちが現れ、その結果二つのグループのデュナミスに分かれました。進歩したデュナミスは太陽を分離させ、より進歩に遅れたデュナミスはそれを取りまいて公転する月を形成しました。これが天上の争いである「月の分裂」なのです。衛星である古い月は停滞したデュナミスの支配下にあり、月紀の太陽はより進歩したデュナミスの支配下にあったのです。

天上の争いについては神曲『ギーター』の最初の数節の中にも語られています。『ギーター』は冒頭の戦闘の中に、象徴的な仕方でこの圧倒的な天上の争いの余韻を伝えています。それはまことに烈しい戦闘でした。キュリオテテスが古太陽を生じさせるために働いたときから、デュナミスが古い月を生じさせるために働いたときまで、天上では圧倒的な争いが、烈しい戦闘が続きました。キュリオテテスは太陽の広がりを木星の境界石のところにまで収縮させました。次いでデュナミスはその全体を今日の火星の境界石のところにまで収縮させました。天上のこの二つの惑星による境界石の中間に、天上の争いの大戦場がありました。

天上のこの大戦場に眼を向けてください。私たちは十九世紀になって、天上の争いの結果である荒廃の跡を発見しました。火星と木星の間には、一群の小惑星が散らばっています。これは太陽系の範囲が木星から火星にまで縮小された宇宙紀の間に戦われた戦場の跡なのです。私たちが望遠鏡を夜空に向け、次々に新しい小惑星を発見するとき、そこに見出すものは、進化の過程を異にしたデュナミスとデュナミスとの間の烈しい戦いの跡なのです。そしてこの戦いの結果、月紀における太陽からの月の分離もまた生じたのです。

このように神霊たちの行為を考察するとき、外的な諸事象は神霊たちの外的相貌のように思われるのです。

第六講　霊的に見た天動説

（一九〇九年四月一五日）

第三ヒエラルキア

宇宙の諸事象は、人間より高次の存在たちの生活から生じます。昨日は最後に天上の戦いについて述べました。現在、次々に発見されている小惑星は、木星と火星との間の戦場に残された無数の死体なのです。このことについては、あとでまた取りあげるつもりです。今知っていただく必要があるのは、天上におけるさまざまな営みが地上でのさまざまな現象の中に反映している、ということです。私たちは『バガヴァッド・ギーター』の冒頭に、天上のこの戦いの地上的反映を見ることができます。

そこで今日は、はじめ素描風に、昨日取りあげなかった別のヒエラルキア存在たちについて述べようと思います。人間にもっとも近い存在たち、つまり天使、大天使、原初（もしくは根源力）についてです。大天使は神智学の文献では「火の霊」とも呼ばれ、原初を私たちは「人格霊」とも呼んでいます。

これらの存在たちは、昨日述べた第二ヒエラルキアの存在たちと人間との中間に位置しています。まず天使についてですが、天使は月紀に人間段階を経験しました。そして人間が木星紀を経験するときと同じ段階を、今地球上で経験しています。人間よりも一段階高いところに立っているこの霊的存在の課題は一体何なのでしょうか。それを知るには、地上での人間の進化過程を考察する必要があります。

人間は転生を重ねながら進化の過程を辿りますが、そのような仕方で進化を遂げるようになった始まりは、古レムリア期にあります。転生による進化は、人類が別の進化形態をとるようになる地球紀の終わり頃まで、まだ長い期間にわたって続くでしょう。

さて、ご承知の通り、転生を続けるのは、人間存在の核心的部分である個性なのですが、今日の人間の大多数は、個性の力では前世の生活を意識できません。前世での体験内容を思い出せません。一定の見霊能力を獲得した人だけしか、自分の前世をふり返ることはできません。

天使

一体、前世と現世の間には、どんな関連があるのでしょうか。以前の人生を思い出せない人の場合を考えてみましょう。一つひとつの転生を関連づけ、転生から転生への発展を見守っている、別の存在たちがいなかったら、どうなったことでしょうか。どんな人の場合にも、人間よりも一段階高次の存在が、その人の個性を或る転生から次の転生へと導いているのです。それはあとで取りあげるような、カルマを統禦する霊的存在なのではなく、人間自身には不可能な仕方で、人生の記憶を或る転生から次の転生へと保持しつづけながら、その人生を注意深く見守る存在なのです。そしてそのような存在こそが天使なのです。どんな人も、それぞれの転生の中では、独立した人格なのですが、しかしどんな人の場合にも、その人の転生過程をふまえてその人を見守っている存在がいるのです。ですから、低次の秘儀参入を受けた人間は、たとえ自分で前世のことを意識できなくても、自分の天使に問いかけることはできます。そのようにして、人間より一段階高次の天使は、人間個性が転生から転生へと紡いでいく、運命の糸を見張っているのです。

大天使

天使よりもさらに一段高次の大天使、私たちの言う「火の霊」たちは、個々の人間個性には関与しません。民族、人種などのような、より大きな人間関連の中で、集団生活と個人生活とを秩序づけるという、より包括的な課題をもっています。人類の進化のための大天使の課題は、個人の魂を民族魂、人種魂と関連づけることなのです。

霊的な意味での民族魂、民族霊は、今日の抽象的な思考が捉えるような意味とはまったく別のものなのです。地上のどこかの地域に特定の言語、習慣をもった多くの人びとが住んでいるとします。その人びとは、外から見える姿をとって個々に生活しています。抽象的な思弁家は、民族霊または民族魂のことを、そのような人びとの集まりの単なる概念的な要約にすぎないと考えます。本当に現実に存在しているのは個人だけであって、民族魂、民族霊はそうではないと思ってしまうのです。しかし霊的生活の本当の在りようを見ることのできる人にとって、民族魂、民族霊はひとつの現実なのです。或る民族魂の中には、火の霊もしくは大天使が個人と民族とを結びつけるために、生きて働いているのです。

人格霊＝時代霊

次いで私たちは、人格霊、原初、アルヒァイと呼ばれる存在のところに到ります。それは人間関係におけるより高次の課題を引き受けている存在たちです。彼らは全人類の地上生活のために働きます。そして時代から時代へと流れる時間の波に乗って、特定の時期になると、変化を遂げて別の霊体をまとうのです。抽象的な思考をする人にとっては単なる抽象概念であるにすぎませんが、しかし霊的現実を洞察する人にとって、この存在たちも現実に生きているのです。彼らを「時代霊」と呼ぶこともできます。彼らは或る時代の人類の使命と存在意義とのために働いています。たとえばアトランティス没落後の数千年間の人類の使命と存在意義とについて考えてみてください。

時代霊は個々の民族、人種を超えたものに関わり、特定の民族に制約されてはいません。よく時代精神と呼ばれているものは、アルヒァイ、原初、人格霊の霊体なのです。特定の時代に特定の人物が地上に現れるのは、人格霊の働きに帰せられます。地上の課題は地上の人びとによって解決されねばなりませんから、特定の時代が到来するためには、特定の画期的な人物が現れなければなりませんでした。ルターもしくはカール大帝がそれぞれの時代に出現したのは、単なる偶然なのではなく、全人類の進化との関連の中で生じたことなのです。それは特定の時代における地上の進化全体にとって必要なことだったのです。人格霊はそのために働いています。

形態霊

人格霊を超えていくと、私たちは昨日触れた形態霊、エクスシアイに到り、すでに地球を超えた課題に到ります。人類の進化には、土星紀、太陽紀、月紀、地球紀、木星紀、金星紀そしてヴルカン星紀が区別できます。地球紀の中で生じるものはすべて、個人の場合には天使が、個人と大きな集団との関連の場合には大天使が統禦し、レムリア期から、人間がふたたびほとんど地球に属さなくなるまでに霊化される時代まで、人類の進化全体はすべて人格霊によって統禦されます。しかし今、別の事柄が問題になります。人類の進化全体のために、地球紀が終わると、人類をふたたび正しい仕方で休息期（プラライヤ期）へ導き、そして木星紀という次なる目標への道を見出すために働くのが、エクスシアイもしくは形態霊なのです。全人類をひとつの惑星状態から別の惑星状態へ導くために働く霊たちは、エクスシアイもしくは形態霊なのです。

さて、ここで一度これらの存在たちの宇宙に占める位置について考察しようと思います。今日ふたたび神智学によって継承されている秘儀の叡智においては、霊界のヒエラルキアのさまざまな存在たちについて、今皆さんにお話ししているのと同じ仕方で語られつづけてきました。昨日述べたように、現在の土星の軌道はトローネが外から働きかけたときの境界を示しています。そして木星の軌道は叡智霊が働いたときの境界を示しています。そして火星の軌道はデュナミスが働いたときの境界を示しています。

それでは、今日述べた第三ヒエラルキアの存在たちの支配領域は、私たちの太陽系の中のどこに位置づけられるのでしょうか。そのことを語るには、あらかじめひとつの事柄に触れなければなりませんが、それは霊学に接しておられる皆さんでも違和感を感じるような事柄です。とはいえ、それはまったく事実に即しています。

天動説の霊的意味

太古の時代からコペルニクスに到るまで、私たちの太陽系についてはプトレマイオスの宇宙説に従って考えられていました。その頃の人は、地球が太陽系の中心にあると信じ、眼に見える通りに、地球の周囲を諸惑星が公転していると思っていました。コペルニクス以来、それまでの人間が知らなかったこと、つまり太陽が中心に位置し、諸惑星は円を描いて、というよりも楕円を描いて、その太陽の周囲を公転しているということが知られるようになりました。それは結構なことでしたが、しかし太陽系について述べる場合、特に誠実な態度で述べる場合、もっと別のことが大切になります。

コペルニクスに到るまで、人びとは天空の一定の運動形式だけを知っていました。そしてそれに則って、太陽系の動きを計算しました。コペルニクスがやったことは、彼がいわば椅子から立って、宇宙の一角に身を置き、いかに太陽が円か楕円かの一中心点に位置し、そして諸惑星がその周囲を運行しているかを観測したのではありません。彼は計算をしたのです。そしてその計算が以前の計算よりももっと簡単に、眼に見える天体の運行を説明したのです。コペルニクス的宇宙体系は、彼の思考の結果に他なりません。

今プトレマイオスの立場から離れて、太陽が中心に位置しているように計算してみましょう。そしてどこに個々の惑星が位置しているかを計算して、それが経験と一致するかどうかをしらべてみましょう。確かに計算と観測結果とは一致します。人びとはこの一致の上に立って、カント＝ラプラス理論のような、宇宙理論をいろいろ作りあげてきましたが、もはや学問的に誠実とは言えない説明まで加えるようになったのです。後になってから天王星、海王星という二つの惑星が純感覚的な観測によって発見されました。――私たちはこれまでこの二つの惑星のことを取りあげませんでしたが、太陽系について物質的な観点から述べるとき、天王星と海王星は理論を混乱させているのです。

カント＝ラプラス理論を受けいれようとするなら、天王星と海王星もそれぞれの衛星を伴いながら、他の惑星と同じ仕方で公転するのでなければならないはずです。ところがそうではなく、まったく別な在りようをしているのです。カント＝ラプラス理論が正しいとしたら、惑星がすべて分離したあと、誰かが天王星の軸を九十度回転させたのでなければならないのです。天王星は他の惑星たちとは異なり、自転軸を九十度以上傾けて公転しているからです。

天王星も海王星も、太陽系の他の惑星たちとはいちじるしく異なっています。その特異性についてはあとで取りあげますが（第十講参照）、今はただ次のことに注意するに留めておきます。すなわち、コペルニクスの説は、外的事象の根底にある霊的な関連の観察からまったく離れてしまった時代に仮説として立てられ、一方、プトレマイオス説は単なる物質上の宇宙説を述べているのではなく、惑星の軌道が高次の存在たちの支配圏の境界なのだということを知っていた時代の霊的観察に基づいているのです。そしてそのような支配圏をふさわしい仕方で述べようとするなら、太陽系の全体を別様に記述しなければなりません。

ゾロアスターの宇宙説

私はここで皆さんに、ゾロアスターの秘儀の中で語られていたような仕方で、太陽系について述べてみようと思います。私たちは他の秘儀をも参考にすることができますが、しかし太陽系の内部で働く霊的存在たちとの関連で諸惑星を性格づけるためには、ゾロアスターの秘儀がふさわしいのです。

ゾロアスターの宇宙説においては、私たちの天体観測とは異なる事柄が取りあげられていきます。ご承知の通り、長い年月の間に太陽は黄道獣帯の一方から一方へと移行していきます。ほぼ紀元前八世紀以来、春分の日に太陽は牡羊座から東の空を上昇しました。しかし年毎に太陽は少しずつ位置をずらし、長い長い年月をかけて魚座へ移行していきます。

紀元前八〇〇年以前の太陽は牡羊座ではなく、牡牛座から上昇しました。約二二〇〇年かけて牡牛座を通過しました。長い期間、春分の日に太陽は牡牛座から上昇したのです。もっと以前の太陽は、双子座から上昇しました。紀元前八〇〇年プラス二二〇〇年以前の時代には、双子座が春の上昇点に位置する星座でした。ですからキリスト以前の四千年紀、五千年紀にまで遡ると、春分点が双子座に移行していました。そしてそれはツァラトゥーストラ秘儀の栄えた時代でした。この秘儀の栄えた時代は、このように遥か太古の時代にまで遡ります。当時の人びとは、天体の諸現象について語るとき、常に双子座との関連を考慮していました。

昨日述べたような仕方で黄道獣帯を記しますと、この上側に双子座があります。それからこの黄道獣帯と結びついて、トローネの支配圏を境界づける土星の軌道がここにあります。次いで叡智霊の支配圏である木星の軌道が、次に運動霊の支配圏である火星の軌道があります。

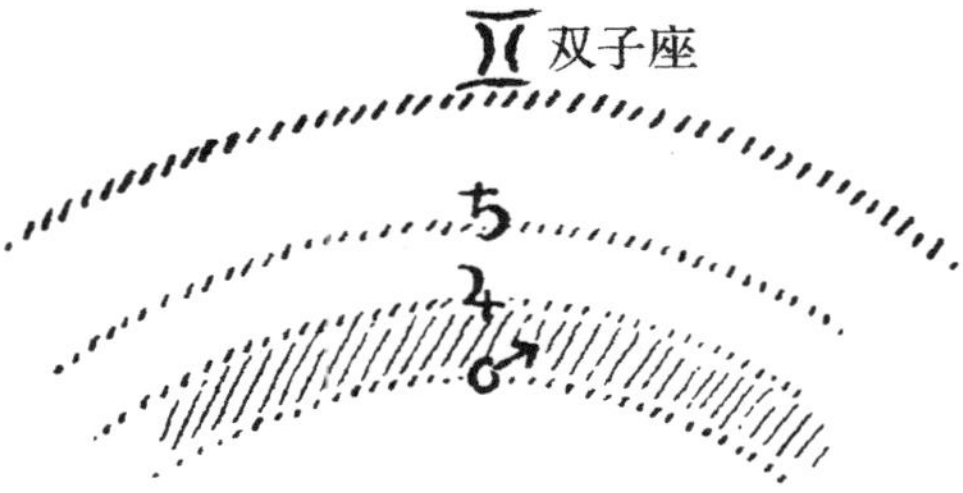

すでに述べたように、天上の戦いの跡がその中間にあります。しかし支配圏を正しく区分しようとするなら、運動霊であるデュナミスの支配圏の境界を火星の軌道によって表わすように、形態霊であるエクスシアイの支配圏の境界を太陽自身で表わさなければなりません。そしてさらに金星の境界によって記される人格霊またはアルヒァイの支配圏に到ります。それから水星の境界線で示される支配圏に到ります。金星までは人格霊の支配圏であり、水星までが大天使、火の霊の支配圏です。こうして私たちに地球にとても近いところにまで来ます。そして月を境界とする天使の支配圏に到り、そして地球に達します。

地球を出発点と考えれば、地球を取りまいて、月にまで達する支配圏があります。それから水星にまで達する支配圏があり、金

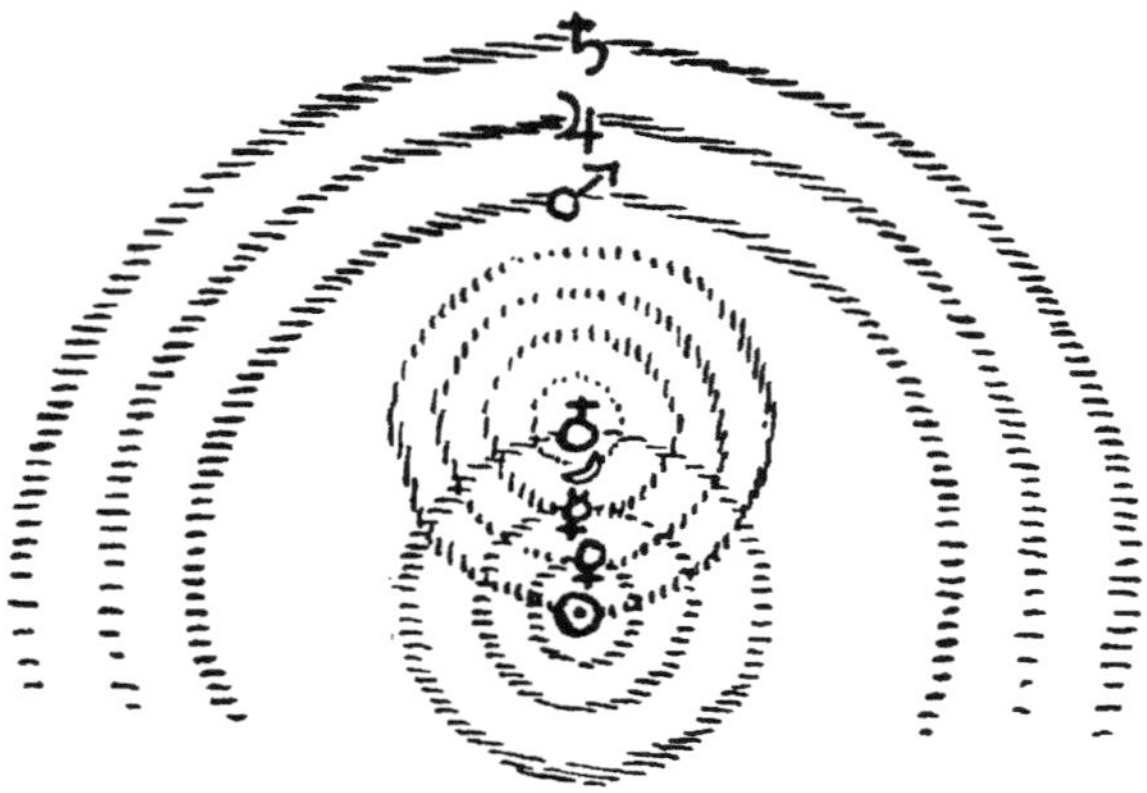

星にまで達する支配圏があり、太陽にまで達する支配圏があります。

今述べた順序は皆さんを驚かせるかも知れません。ここに地球が、ここに太陽があります。そうすると、この太陽の近くに水星を、そしてここに金星を描くはずだ、と思うでしょう。しかしそれは正しくありません。なぜなら金星と水星の名前は後世の天文学で取り違えられたのだからです。今日の水星は昔は金星と呼ばれました。古代の文献で金星、水星と呼ばれていたものを今日のそれと思ったら、間違えてしまいます。かつて金星について述べられていたことは、今日の水星に関することなのです。そしてかつて水星について述べられていたことは、今日の金星のことなのです。これら二つの名称は後になって取り違えられたのです。宇宙系が逆転して、地球が中心的位置を剝奪されたとき、遠近関係が変化しただけでなく、水星と金星という古い名前も取り違えられたのです。

さて、私たちはここに記されているものを、物質的な宇宙系と容易に一致させることができます。この⦿という記号は太陽です。太陽の周りを金星が回転し、水星が回転し、さらに月を伴った地球が回転しています。そしてその周囲をさらに、火星、木星、土星が回転しています。物質的な意味での運動を考えるのでしたら、どの遊星も太陽の周囲を公転しているのです。しかし皆さんは、地球♁がここに位置し、そして他の惑星たちが太陽の背後にあって、それぞれ回転しているように考えることもできます。ですからこのことを記そうとしたら、ここに通常の物質上の太陽系を描きます。そして一つの焦点に太陽を描き込みます。そして金星、水星、地球と月がその太陽の周りを運行しています。これが地球、水星と金星（古い呼称の）です。次に続くのが火星、次が小惑星、そして木星、土星です。

そこで次のように考えてみてください。下の♁（地球）の印《しるし》のあるところから☿（水星）、♀（金星）などを経て、上の♂（火星）、♃（木星）、♄（土星）のところまで一直線に並んでいます。これらの惑星たちはあらゆる可能な位置を互いにとっていますので、いつか一度はこのように一直線に並んだ位相を示すことができるでしょう。その場合、一方では現在の物質上の太陽系が示されています。ここでは地球、水星、金星が太陽の一方の側に位置しており、他の惑

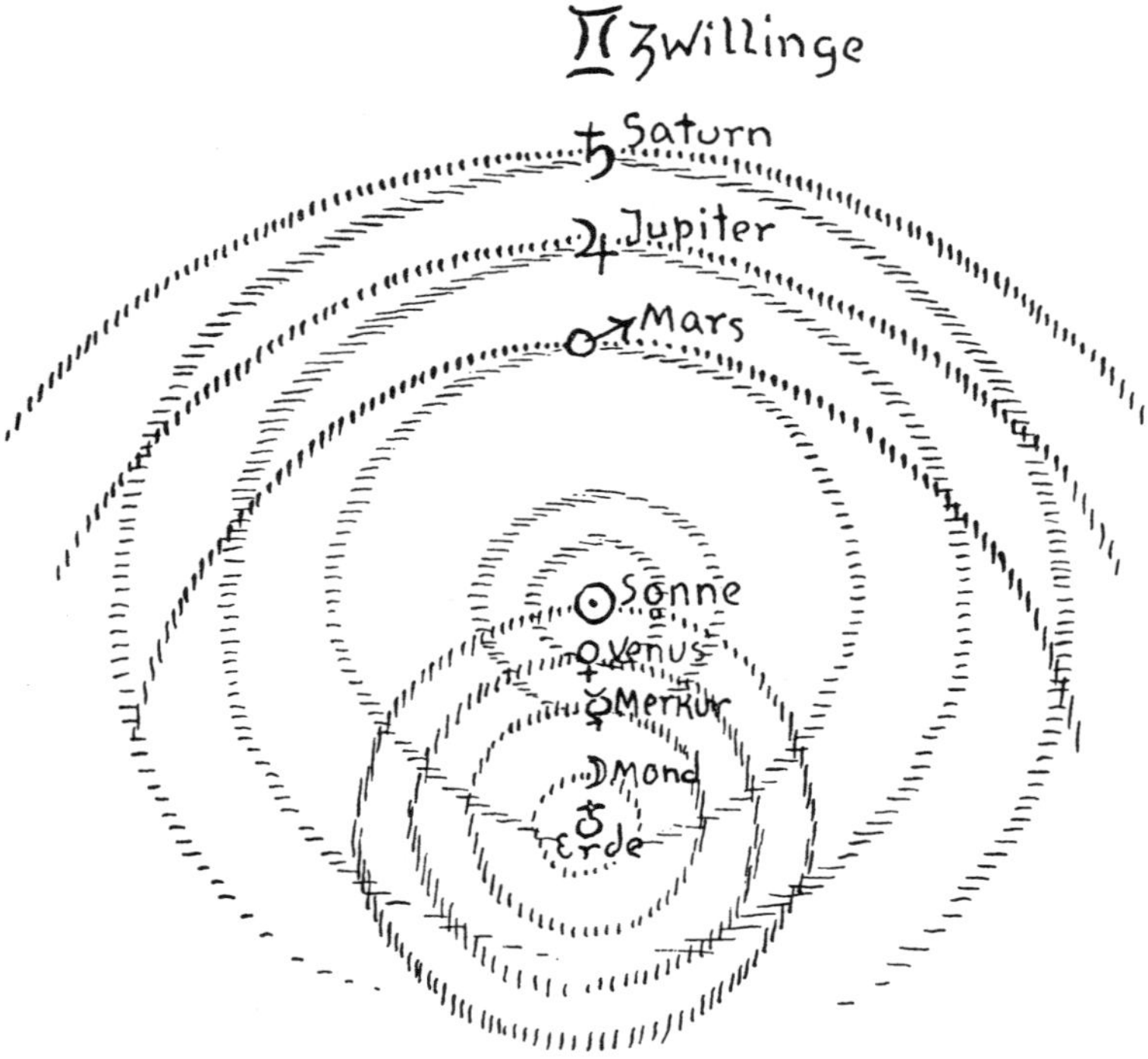

コペルニクス的宇宙系（横線）と霊的ヒエラルキアの作用圏（縦線）
図中の記号は下から順に、地球、月、水星、金星、太陽、火星、木星、土星

星たち、火星、木星、土星は他の側に位置しています。右の図はそれを示しているのです。こちらに地球、水星、金星、太陽から見てもう一方の側に火星、木星、土星が位置しています。

この配置は実際に、双子座に土星が位置していたときに生じたことがありました。そのとき、見霊的に霊界のヒエラルキアの支配状況が特によく観察できました。地球の周囲の月までのところは天使の領域だ、ということも示されました。実際、人が物質上の太陽系を基礎にしないで、この特別の位相を基礎にするなら、地球の周囲に月のところまで天使の領域があり、水星のところまで大天使の領域があり、金星のところまで人格霊の領域があり、太陽のところまで形態霊の領域があり、さらに昨日私が述べたような運動霊の領域、叡智霊の領域、トローネの領域があるのです。

プトレマイオスおよびコペルニクスの宇宙説

ですからコペルニクスの宇宙説とプトレマイオスの宇宙説とを比較するときには、プトレマイオスの説の中には、指導霊たちの位置関係が示されていることを知らねばなりません。そしてそれを知るには、地球を遠近法の出発点にしなければなりません。いつか将来、この宇宙説がふたたび正しいとされるときが来るでしょう。それは人間が霊界のことをふたたび知るようになったときです。おそらくそのときの人間は、現代よりも狂信的ではなくなるでしょう。私たち現代人は言うでしょう。――「コペルニクス以前の人びとは天体の運行に関してナンセンスなことを語っていた。まだ原始的な宇宙説を信じていたのだ。コペルニクス以後、私たちはやっと正しい宇宙説を知るようになった。すべてコペルニクス以前の立場は間違っている。これからは、未来永劫に到るまで、数百万年後であっても、コペルニクスの地動説は正しいであろう」と。

現代人は大体こんな考え方をしているのです。現代の天文学の分野におけるほど、狂信が支配したことはめったにありません。未来の人びとはおそらくはもっと寛容であってくれるでしょうが、それでも次のように言うことでしょう。――「十五、六世紀以降、人びとは霊界が存在することを知らなくなった。そして霊界には別の遠近法があり、天体は単に物質的に観測するときとは異なる秩序にも従っていることを忘れてしまった」

霊的な意識は、それ以前実際に存在していたのですが、後になると、天体の秩序を物質的な観点だけから考察するようになったのです。確かに物質的な観点だけからでも天体は観測できますが、十六世紀以降になると、そのような観点だけをまったく正しいと考えるようになり、霊界に関するすべてが無視されてしまいました。けれども将来は、ふたたび霊界が存在すると考えるようになり、ふたたび霊的な遠近法でものを見るようになるに違いありません。

未来の人間は、他のいろいろな神話と並んで、天文学という神話もあった、と言うでしょうが、現代人が祖先に対するような軽蔑の仕方はしないでしょう。

コペルニクスの宇宙説は、単なる物質的な見方をしていたからこそ、以前とは別の見方になったのです。それまでのプトレマイオスの宇宙説には、霊的な見方がまだ残っていました。この宇宙説を考慮することによってのみ、私たちの太陽系の内部における霊的存在たちのいとなみをイメージできるのです。ですから私たちは、物質的状況を前提とした上で、次のように付け加えるのです。――「月に到るまでは天使が、水星に到るまでは大天使が、金星に到るまでは人格霊が、太陽に到るまでは形態霊が、火星に到るまでは運動霊が支配している。そして木星の軌道内が叡智霊の領域であり、最後に土星の軌道内がトローネの領域である。

それを図に描く場合は、単なる物質的な宇宙系に他の線を書き加えればいいのです。そうすればこの線によって、ヒエラルキアの支配領域を境界づけたことになります。

霊的な働きにとっては、太陽ではなく、地球が太陽系の中心なのです。ですから秘儀参入者は、常に次のように語ってきました。――「たしかに太陽は、高貴な天体である。人間よりも高次の存在たちが太陽にいる。しかし進化における主役は、地球上に生きる人間なのだ。太陽が地球から分離したのも、そうすることが、人間を正しい仕方で進化させることができたからだ。太陽が地球と結びついたままでいたとしたら、人間は決して正しいテンポで前進していけなかっただろう。まったく別の状況にも耐えられる存在たちを伴って、太陽が地球を離れたからこそ、人間の正しい進化が可能となったのだ。太陽は地球をいわばひとりぼっちにしたが、ふさわしいテンポで人間が進化を遂げられるようにそうしたのだ」

どの観点に立つかで、太陽系はいろいろな現れ方をします。純物質的な事象に関して、私たちの太陽系のどこに中心点があるのか、と問うなら、コペルニクスの宇宙説を選ばざるをえません。霊界のヒエラルキアの支配領域から出発する太陽系秩序を問うなら、私たちはいつでも地球をその中心に置かなければなりません。その場合は、惑星の軌道が霊界のヒエラルキアの個々の支配領域の境界線となるのです。

今述べた事柄は、霊界のヒエラルキアの支配領域の空間的区分と個々の霊的存在たちの使命との関連を示しています。地球から月に到るまでの、地球の周囲の環境にいるのは、天使たちです。天使はこの領域から転生を重ねる個人の生活を指導しています。一方、民族集団をふさわしい仕方で区分し、それぞれに使命を与えるには、より以上のことが必要です。或る民族が特定の素質をもっているのは、地上の状況だけでなく、宇宙の状況にもよるのです。それは水星に到る、大天使の支配領域から生じます。そして人類全体を指導するためには、もっと広い、金星にまで到る宇宙空間からの働きが必要です。そして地球そのものを進化させるには、太陽領域からの働きかけがなければなりません。

すでに述べたように、人類は土星紀、太陽紀、月紀、地球紀、木星紀、金星紀、ヴルカン星紀を通って進化します。或る惑星紀から次の惑星紀へ進化する人類の使命を指導する霊界のヒエラルキア存在は形態霊です。形態霊は選びぬかれた場所にいます。その支配領域は太陽にまで及びます。太陽はすでに月紀に、特別の天体として、古い月と並んで存在していました。太陽は今ふたたび、地球の隣りに位置しています。そして木星紀においても地球の隣りに存在することでしょう。太陽の支配領域は個々の惑星を超えています。太陽は、個々の惑星を超えた支配領域をもつ、すぐれた天体なのです。

ヒエラルキア存在の受肉

このように、ヒエラルキア存在の居住地は、個々の惑星上にあるのではなく、惑星の軌道によって境界づけられた圏内にあるのです。地球から月までの空間範囲全体が天使の働きによって充たされています。そして地球から水星までの範囲が大天使の働きによって充たされています。

ですから大切なのは、空間領域なのです。個々の惑星は、高次の存在のこの空間領域の境界線を示しているのです。肉体を担った人間は地球に拘束されていますが、しかし転生を重ねていく永遠なるその個性は、地球に留まらずに、大気圏を超えて月にまで及ぶ空間に働く天使たちによって指導されているのです。

地上の人間は太古以来進化しつづけてきましたが、その進化は、子どもの成長に似た在り方をしていました。つまりおとなが子どもを教育するように、宇宙におけるヒエラルキアが人間を教育し、それによって地球に拘束されている人間は、地上を生きるのに必要な認識と行動がもてる能力を獲得したのです。高次の存在たちは、そのために何をしたのでしょうか。

人間が地上での生活を始めたとき、もともと地球に拘束されていないで、地球の大気圏内で生きていた存在たちが下降し、そしてヒエラルキアの先輩として、すでに身につけていたものを人間に伝授しました。彼らは人体に受肉しましたが、それは自分の進化のためではありませんでした。大人がABCの書き方をやってみせるのは、自分のためではなく、子どもにそれを教えるためです。アトランティス期、レムリア期にまで遡ると、地球の大気圏から霊的存在たちが下降してくるのが見えます。それはこの大気圏に属しているのに、人体に受肉して、人間の教師となる存在たちです。それは水星と金星に属するヒエラルキア存在たちです。金星の子らと水星の子らが下降して若き人類の教師となったのです。ですからこの若き人類の中には、仮の姿で地上を遍歴する霊的存在たちが加わっていました。

正常の進化を遂げたレムリア期の人間がそのような人に出会ったとします。外見上は他の人間とあまり違いはありませんが、その人の中には、水星もしくは金星にまで働きが及んでいる大天使、人格霊の力が働いていたのです。他の人間たちと同じような姿をしていますが、本当はまったく別の、水星の子もしくは金星の子なのです。人類進化の揺籃期には、そのような人びとがいました。水星の子らと金星の子らは下降して、人びとの間を遍歴していましたが、水星存在、金星存在としての性格を内に秘めていたのです。金星存在は人格霊です。人格霊が人間となって地上を遍歴していたのです。外見上は人間と同じでしたが、圧倒的な能力をもって人類を指導しました。これがレムリア時代の偉大な支配者の姿でした。当時は金星の子らが全人類を導いていました。水星の子らも人類の一部分を指導していました。彼らは民族霊でした。

まやかしや幻想は人間の姿に関しても言えます。私たちの前にいる人間も、その外見がその魂を正確に反映していることもあれば、それが幻影であって、本当は水星の子もしくは金星の子であることもあります。基本的に古い時代の指導的個性たちが地上を遍歴し、普通の名前を名乗って身分を隠している、というのはそういうことなのです。ブラヴァツキー夫人が、「仏陀は仮の姿を現している」と言ったのも、このことです。この言葉は彼女の『神秘教義』の中に出てきますが、こういう言葉に、聖なる秘儀の教えに由来しています。私たちはそれを理解しようとしなければならないのです。

それでは一体、金星の子はどのようにして下降するのでしょうか。ひとりの菩薩が地上に生きるのは、どのようにしてなのでしょうか。菩薩の本性、水星の子らや金星の子らの本性、それは宇宙との関連における、私たちの地球の進化の重要な一章を形づくっています。明日は水星の子らと金星の子ら、菩薩や五仏の本性を考察しようと思います。

第七講　人格霊、大天使、天使（一九〇九年四月一六日）

人間の存在部分の相互関係

昨日の終わりに述べたことに関連して、ひと言つけ加えておきますと、皆さんの中の何人かは、惑星と太陽とが一列に並び、一種の「合」を示していたことに興味をおもちになったと思います。しかし当面の問題は、そこにあるのではありません。それについてはあとで取りあげるとして、今大切なのは、次の事柄に注意を向けることなのです。

私たちはコペルニクスの地動説の意味で、まず太陽を描き、それから水星つまりエソテリックな意味での金星、次いで金星つまりエソテリックな意味での水星とその軌道を描きました。それから地球と月、火星、木星、最後に土星とその軌道を描きました。この順序はコペルニクスの地動説に従っています。次に、ゾロアスターの学堂で教えられていたような配列を取りあげましたが、この天動説による配列は、ゾロアスター自身の言葉によるというよりは、ゾロアスターの学堂で教えられていた基本的な真理だったのです。

さて、ここに双子座があるとして、単純にこの線、双子座から太陽までの線上に存する点として諸惑星を取りあげました。その線は合の状態を示していますが、この図はただ単純に、太陽と双子座とを結びつけてみただけで、土星、木星、火星がどの星座の方向に位置していてもかまいません。これらはさしあたって、個々のヒエラルキアの境界地点を示しています。

この場合、星そのものではなく、星の領域を描くには、太陽ではなく、地球を中心にしなければなりません。地球を中心とした円、というよりも卵形を描かなければなりません。

今日は、人間のすぐ上に位置するヒエラルキア存在のことを主に考察しようと思いますが、そのためには、まず人間から出発するのがいいと思います。なぜなら人間の本質と人間の進化とについて、これまでも繰り返してお話ししてきたことが完全に理解できたときにのみ、高次のヒエラルキア存在にまで眼を向けることができるからです。

地上での人間が本質的に四つの部分から成り立っていることはご存知ですね。つまり肉体、エーテル体、アストラル体、自我の四つです。そこで私たちの問題にとって必要な仕方で、この四つを図に表わしてみましょう。まず人間の肉体を円とします。同様にエーテル体、アストラル体、自我も小さい円で描いてみます。

地球上での進化の過程で、自我によるアストラル体への働きかけが始まります。一般化して言えば、自我がアストラル体に働きかけ、その働きを受けたアストラル体の一部分が自我の支配下に置かれるようになるとき、その部分をマナスまたは霊我と呼びます。マナスまたは霊我は、何度も強調してきたように、新たにどこからかやってきたのではなく、人間のアストラル体から生じたのです。

今述べたことはすべて、人間にとっての事柄で、他の存在の場合にはあてはまりません。宇宙の諸存在たちは、互いに非常に異なった成り立ちをしているのです。

さて、第五の部分として、変化したアストラル体であるマナスを、ここに独自の円として描きます。本来それはアストラル体の中に描き込まれるべきなのですが、あえて別に描きます。同様にさらにその上のところに、変化したエーテル体をブッディもしくは生命霊として別に描きます。エーテル体が完全に変質されますと、そのすべてがブッディになるのです。同様に肉体は、木星紀、金星紀、ヴルカン星紀を通じて完全な状態にまで進化を遂げますと、アートマになります。ヴルカン星紀になって、最高に完成した人間は、アートマ、ブッディ、マナス、自我、アストラル体、エーテル体、肉体から成る存在になります。そのときの人間の七つの存在部分は、ひとつの全体となり、それぞれの存在原則が互いに結び合って、調和的に働くことでしょう。これが人間のあるべき姿なのです。

天使の身体

次なるヒエラルキア存在である天使に眼を向けると、すでにこのことがあてはまらなくなります。右の図式は、人間にはあてはまっても、天使にはあてはまりません。天使は肉体（1）、エーテル体（2）、アストラル体（3）を発達させて、この三つをひとつに統合しています。しかし自我（4）、マナス（5）、ブッディ（6）、アートマ（7）はそれから区別されています。

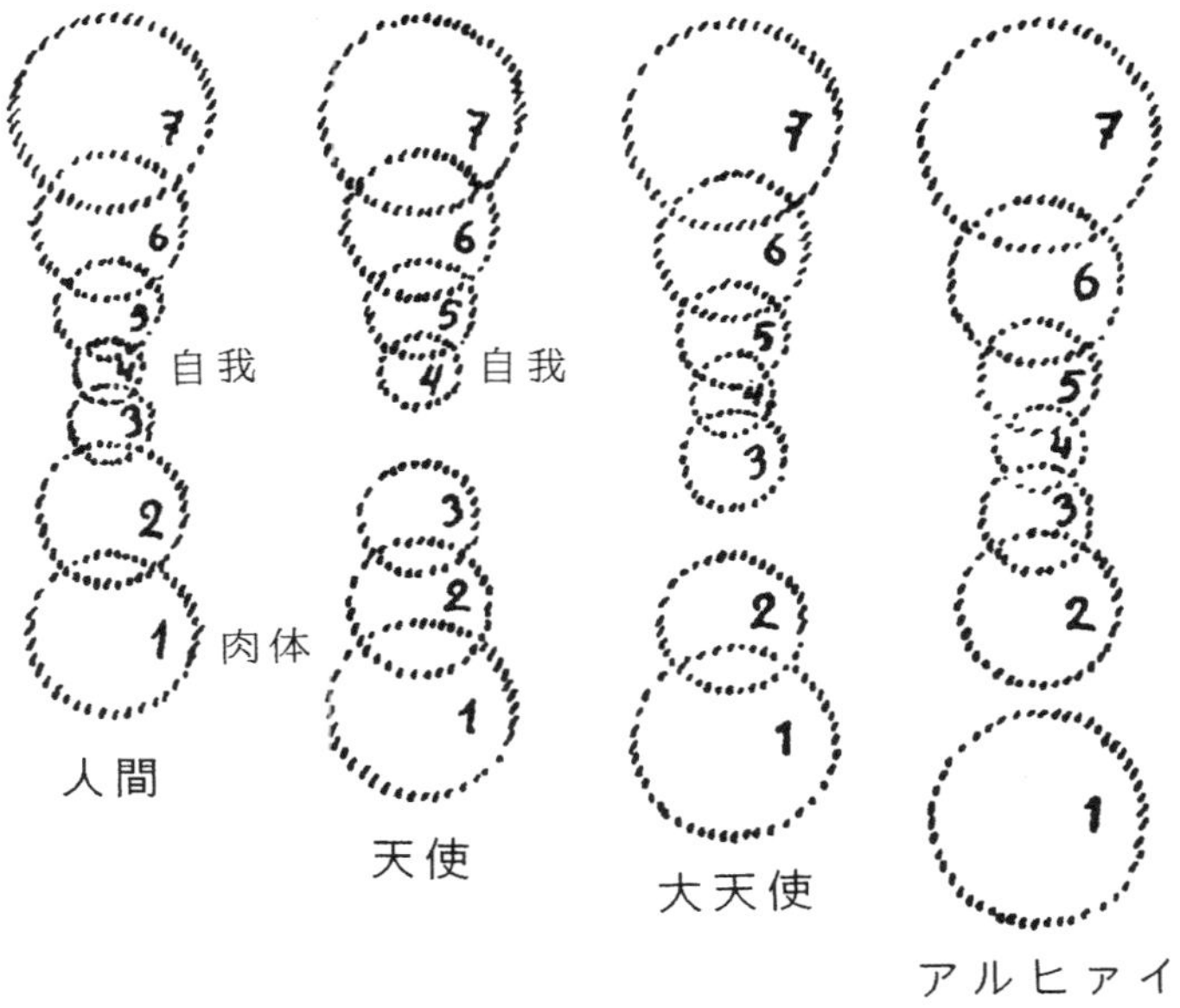

天使の本性を知ろうと思うなら、これら高次の部分が、地上に存在している部分から切り離されて、いわば上なる霊界の中を浮遊している、と考えなければなりません。天使はそのマナスを完全に育成していますが、ブッディとアートマの育成は、未来の課題にしています。ですから天使の本性を知るには、天使が人間自我のような、肉体に宿って地上を移動できる自我をもっていないことを知らなければなりません。天使の進化の現段階においては、そのマナスをもまだ地上では発達させていませんから、地上に存在する天使は、霊的

存在であるようには見えません。私たちが誰か人に出会うときには、その人が自分の中で肉体、エーテル体、アストラル体などのすべてを互いに有機的に結び合わせているのを見てとることができます。しかし天使に出会ったとしたら、その天使の肉体部分は、この地上では、天使の霊的存在の単なる鏡像でしかないのです。その霊的存在そのものは、霊界においてしか見ることができません。流れる水の中、雲や霧の中、風の中、空気を切り裂く稲妻の中に、天使の肉体が見出せるはずなのですが、見出すことが困難なのは、天使の身体ははっきりと輪郭づけられている、と思い込んでいるからです。立ち昇る霧の前に立ち、噴出する泉の前に立ち、吹きすさぶ風や雲間から発する稲光の前に立つとき、それが天使の顕現であると思うのは、とても困難なことです。けれども、はっきり輪郭づけられないこのような天使の肉体の背後には、天使の霊的存在が働いているのです。

人間は、自分の中のいろいろな存在原則のすべてを、自分の中で統一的に発達させなければなりませんから、輪郭をもたずに漂い浮遊する肉体が存在しうる、などとはとても思えません。ですから皆さん、一定の水面にそれぞれのもっとも濃縮した身体部分をもつ八十の天使たちがひとつにまとまっている様を想像してみてください。天使たちのこの肉体は輪郭をもっていません。水面上の或る箇所がその肉体部分なのです。そしてそこからかなり離れたところの別の水面もまた、その肉体部分なのです。つまり私たちの周囲にある地球の水、風、火はすべて、人間のすぐ上に位置するヒエラルキアの身体でありうるのです。

天使の自我と天使の霊我（マナス）を見るには、見霊的な眼でアストラル界を洞察しなければなりません。天使の自我と霊我は、高次の世界から私たちを見守っています。そして太陽系の中で、私たちが天使の存在を探求すべき領域は、月の境界にまで及んでいます。

天使の場合、事情はまだ比較的単純です。たとえば天使の肉体は水面もしくは水中にありますから、私たちはその水や風を霊視して、そこに天使のエーテル体とアストラル体をも見出せばよいのです。ですから天使の肉体とエーテル体とアストラル体は、ここでも関連づけられて図示されています。吹きすさぶ風、流れる水は、単なる悟性が理解しているような物質現象であるだけでなく、そこには多様きわまりない仕方で、天使のエーテル的、アストラル的部分が生きているのです。そしてその天使の霊的、魂的な本性を求めるなら、そのアストラル的な領域の中に霊視の眼を向けなければなりません。

大天使、人格霊、形態霊の身体

しかし天使の一段上に位置する大天使について考えるのでしたら、事柄はもっと複雑です。大天使のアストラル体は、肉体、エーテル体と結びついてはいません。大天使はもっとも低次の部分である肉体（1）とエーテル体（2）とを切り離して、それよりも高次の存在部分をすべて、上なる高次の世界の中に存在させています。ですから、大天使をイメージするには、二つの場所にそれを求めなければなりません。人間のようにすべての存在部分が唯一の存在形態の中に統一されているのではないのです。上方に霊的な部分があり、下方ではその霊的なものが映し出されています。肉体は、風と火の中にのみ存在しています。そしてその肉体にエーテル体が結びついています。大天使の肉体が、たとえば水となってざわめきながら流れていることはありません。もっぱら風と火の中でのみ、それは知覚できるのです。その吹きすさぶ風や火を前にするときには、霊界の中にその霊的な対応物を霊視しなければなりません。しかしその霊的な対応物は、肉体ともエーテル体とも結びついていません。

そして最後に、アルヒァイつまり人格霊について言えば、下方にはその肉体だけしか見出せません。他のすべては、上方の霊界の中に存在しています。そしてその肉体は、火の中でしか生きることができません。「原初」であるアルヒァイの肉体は、火の中でしか知覚できないのです。雷が落ちて火災となり、炎がちょろちょろと赤い舌を出しているとき、そこにアルヒァイの肉体が現れているのです。そしてそのとき、上方の霊界においては、この肉体と切り離されて存在している、その霊的対応物が霊視できるでしょう。まさにこのアルヒァイ（人格霊）の場合、見霊能力はその事情を比較的簡単に見てとることができます。

この人格霊の領域は、水星（秘儀的意味での金星）にまで及んでいます。もし誰かがこの水星での進化の過程を観察できたとしたら、そこに人格霊という高度の発展を遂げた存在たちの働きを認めることができるでしょう。霊眼で人格霊の働きを観察するために、この「金星」を霊視し、次に稲妻が雲間を走るのを見るとしますと、その稲妻の中に人格霊が映し出されているのが分かります。その稲妻の中には、人格霊の肉体があるからです。

次いで太陽存在エクスシアイのことが問題になりますが、この存在たちは、地上における現在の私たちとはあまり関わりがありません。ただ、この存在たちの意志を実現するために、金星の霊も水星の霊も働いています。エクスシアイたちは、炎の中の金星霊たちと吹きすさぶ風の中の水星霊たちとを自分の協力者にしているのです。

「そして神は炎を従者とし、風を使者とする」。聖書の中のこの言葉を思い出してください。聖典の中のこうした言葉は、霊的な事実から取り出されています。ですから見霊能力による観察の通りなのです。

レムリア期の人間生活と第三ヒエラルキア

私たちの上に位置する第三ヒエラルキアの存在は、私たちの生活と結びついています。人間は堅い大地から成分を分け与えられたことによって、現在のような存在になりました。このことによって人間は、他のすべての霊的存在から区別されています。月紀の人間は、絶えず形体を変化させる、水のような存在でしたが、地球紀になってからは、皮膚に包まれて、肉体とエーテル体とアストラル体と自我から成る、完結した存在になったのです。そのような姿をとるようになったのは、それ程昔のことではありません。アトランティス初期の人間は、まだ完全には自我を自分の中に感じていませんでした。まだ自我を受容する準備をしていたのです。そしてレムリア期の人間は、天使のように、肉体とエーテル体とアストラル体しか所有していません。この時期からアトランティス期を通して、次第に人間は自我を獲得するようになります。レムリア期には、肉体とエーテル体とアストラル体から成る人間が地上をさまよっていました。今日の意味での人間ではなく、今日の意味での人間への進化の可能性をもった存在でした。

さてその時期に、地上では、きわめて注目すべきことが生じました。レムリア期の人間たちは、まだ地球上の事情に通じておらず、自分だけでは何をしたらよいかわからなかったので、天界から金星霊たちが地上に降りてきました。彼らは特定の地球人の肉体に光を放射し、魂を吹き込んだので、地上をさまよっていた無数のレムリア人たちの中から、特別の肉体をもつ人たちが現れました。特別の恩寵を受けたその人たちは、通常の肉体ではなく、人格霊である金星霊の魂を吹き込まれた肉体をもっていました。肉体の中に金星霊を担ったこのレムリア人たちは、周囲に大きな影響を与えました。外見上は他のレムリア人と特に違いはありませんでしたが、その肉体の中には、人格霊が生きていたのです。

この選ばれた人たちは、周囲に暗示的に作用しました。他の人びとが彼らに捧げた尊敬と畏怖と従順とに較べられるようなものは、今日どこにも見出せません。新しい土地への集団移動は、人格霊が働いているこの選ばれた人たちに導かれました。言葉は必要ありませんでした。当時、言葉はまだなかったのです。記号も必要ありませんでした。そのような人物がいたことだけで、十分だったのです。その人びとが、集団の大移動を必要と感じたときは、集団は何も考えずについて行きました。考える能力も当時はまだ存在せず、後になって発達したのです。

このようにレムリア期に、人格霊が金星霊として地上にやってきました。地上で人間の顔をもったこの金星霊たち（もちろん顔といっても、当時の人間の顔でしたが）は、宇宙全体との関連においては、人間とは隔絶した存在でした。彼らの力は、金星にまで及んでいたのです。彼らの行為は、宇宙の全体にとっても意味をもっていました。人間をある場所から他の場所へ移動させたのも、彼らが宇宙的関連を見通せたからです。

アトランティス期の人間生活と第三ヒエラルキア

人類がさらに進化を遂げたとき、水星霊である大天使がその進化に働きかけ、特定の人間たちに魂と生命を吹き込みました。これは主としてアトランティス期になされました。ですからアトランティス人の中には、外見上は他の人間と特に違ったところは見られなくても、大天使によってその肉体とエーテル体に魂を吹き込まれた人間たちがいたのです。昨日述べたように、大天使は民族集団を指導する役割をもっていますから、自分の中に大天使を担っていた人は、アトランティスの民族全体に天上から受けとった法則を与えることができました。

このように、レムリア期の指導者たちは、金星霊によって魂を吹き込まれ、より小さな民族集団を指導すべきアトランティス期の指導者たちは、大天使によって魂を吹き込まれました。アトランティス期には、「祭司王」という呼び名は正しくありません。当時の指導者たちの行為は、祭とは関係ありません。彼らの肉体とエーテル体の中には、大天使が生きていたのです。その大天使こそが本来の行為者だったのです。

霊視によって私たちはアトランティス期にまで遡って、この指導者たちの秘密の場所を探し求めることができます。彼らはその秘密の場所から人びとに働きかけ、その場所で宇宙の秘密を探究したのです。その秘密の場所で探究された事柄、人びとに命じた事柄は、「神託」という言葉で表現することができます。「神託」という言葉は、後世に由来する言葉ですが、「神託」「神託地」は、大天使を自分の中に担っていたアトランティス人たちの教えと統治の場所とに非常にふさわしい言葉です。偉大な指導者たちは、その場所から働きかけました。他の人びとをその地で教育し、その神託地の奉仕者にしました。

アトランティス期には、本来天使であった人間やその肉体とエーテル体の中に大天使が受肉した人間がいたのです。そのことを知るのは大切なことです。今日の人がそのような人びとを霊視すると、通常の肉体をもった人間でありながら、その人間の背後に霊感を与える大天使の姿が見えることでしょう。その大天使は巨大な姿を示して、その上方ははるか彼方に消えております。そのような人物は二重の存在だったのです。肉体をもった人間である一方で、彼に霊感を与える大天使が計り難い彼方から姿を現していたのです。

さて、このような人間が死にますと、その肉体は物質界の法則に従って亡び、解消されますが、そのエーテル体は解消されません。私は以前、「人間が死ぬと、肉体が失われ、しばらくするとエーテル体も失われる。エーテル体は精髄を除けば、解消される」と述べました。これは、一般的にはまったく正しいことですが、しかし一般的に正しいにすぎません。大天使がその中に生きているエーテル体と通常のエーテル体との間には、大きな違いがあります。優れたエーテル体は、失われることがないのです。それは霊界で生きつづけます。

アトランティス文化期には七つの神託の場がありましたが、その神託の七人の偉大な指導者の死後のエーテル体は、大天使が住んだことによって特別の存在になりました。大天使たち自身は死後ふたたび霊界へ戻っていきましたが、このエーテル体は、特定の手続きに従って、死後も地上で生きつづけたのです。

マヌと七聖仙

ところでアトランティスの「太陽神託」の秘儀参入者は、「マヌ」と呼ばれました。彼は、後アトランティス文化のために、ごく少数の弟子を連れて、アジアへ移動しました。何世代にもわたって彼は人びとを教育し、そしてふさわしい七人を選び、彼らの七つのエーテル体に、あらかじめ大天使の育て上げた、あの七つのエーテル体を織り込んだのです。後アトランティス期の最初の文化を創造するために、偉大な指導者マヌが送り込んだ七人、インド文化期の七聖仙は、偉大なアトランティス期の指導者のエーテル体を体内に担っていたのです。このエーテル体は、かつて大天使自身の働きを直接受けたエーテル体でした。過去と現在と未来とが、このようにして作用し合いました。

七人の聖仙は素朴な人たちでした。彼らのアストラル体と自我とは、エーテル体の高みにまでは達していなかったのです。彼らの霊的な能力は、エーテル体の中だけに織り込まれていましたから、彼らは決まったときにエーテル体で霊感を受けたのです。そのときは、自分で獲得した体験内容をではなく、エーテル体を通して吹き込まれた教えを語ったのです。自分自身の判断に任されたときの彼らは、素朴な人びとでしたが、霊感におそわれると、太陽系のあるいは宇宙そのものの崇高な秘密がそのくちびるから流れ出たのです。

後アトランティス期になっても、人びとはまだ上からの指導を必要としていました。人類の指導者の魂は、レムリア人の場合、肉体に人格霊が魂を吹き込むという形をとり、アトランティス人の場合、肉体とエーテル体とに大天使が魂を吹き込むという形をとり、そして今、後アトランティス人の場合は、天使が彼らの肉体、エーテル体、アストラル体を通して魂に霊感を与えました。後アトランティス第一期の偉大な指導者たちは、人間としての肉体、エーテル体、アストラル体をもっていただけではなく、これらの体には天使も働きかけていました。その結果、この指導者たちは、過去の諸人生をふり返って見ることができました。通常の人間がそうできないのは、まだ自我をマナスにまで発展させていないからです。まずみずからが天使にならなければならないのです。

通常の民衆の中から生まれ出たこれらの指導者たちは、みずからの肉体とエーテル体とアストラル体の中に天使を担っており、その天使が彼らに魂を吹き込んだため、ここでも、外見と中身とは違っておりました。はるかな太古の指導者たちは、その外見とはまったく異なる存在でしたが、後アトランティス期になると、人間の内面において、天使が人類の教師として、指導者に必要な事柄を、彼らに吹き込みました。偉大な宗教の創始者たちは、そのような天使に憑依された人間でした。天使が彼らの中から語ったのです。

世界の進化はまったく規則的に進行しますが、その規則は、発展のプロセスの中で、常にからみ合って働きますので、いつでも規則的であるとは言えません。けれども主要な点においては規則通りですから、レムリア期においては人間存在を通して人格霊が語り、アトランティス期においては大天使が語り、後アトランティス期においては天使が語ります。

しかし、その肉体にまで人格霊が憑依している場合が、後アトランティス期においても生じました。後アトランティス期に生きている人びとからも、かつてのレムリア時代の人びとと同じように、人格霊が語る場合があったのです。外見上は民族の一員でありながら、人類がそれを必要としたときには、人格霊を自分の中に担った人びとが現れたのです。同じように、後アトランティス期において、水星霊である大天使を自分の中に担った人びともいました。水星霊は人間の肉体とエーテル体に魂を吹き込みました。最後に第三の種類の指導者もいました。肉体とエーテル体とアストラル体とに天使の魂を吹き込まれた人たちです。

法身仏・応身仏・報身仏

東方の教義においては、特別の名を与えられています。外見上は私たちと同じ後アトランティス人でありながら、自分の中に人格霊を担い、その肉体に到るまで人格霊の魂を吹き込まれている人びとは、東方の教えでは「法身仏」（ディヤーニ・ブッダ）と呼ばれ、みずからの内に大天使を担い、その肉体、エーテル体に魂が吹き込まれている人びとは「応身仏（菩薩）」と呼ばれ、そして自分の中に天使を担い、肉体、エーテル体、アストラル体に魂が吹き込まれている人びとは「報身仏」と呼ばれます。ですから、霊を受けた人間は三つの位階をもっています。すなわち法身仏と応身仏（菩薩）と報身仏とです。これこそが仏陀の等級と範疇についての真実の教えなのです。私たちはこの教えを、ヒエラルキアの働き全体との関連において見なければなりません。

太古のまだ進化を遂げていない人びとの中に、このような人びとがいたというのはすばらしいことです。霊界のヒエラルキアが宇宙から惑星に降下し、そこの人びとを通して語るのです。後になって、高次のヒエラルキアの霊たちは、下なる惑星を居住地とする人間のもとを、その人間が成熟していくにつれて、徐々に去って行きました。ヒエラルキアの霊たちは、地球の成立する以前から人間に働きかけていました。私たちはそこに大きな叡智の働きを見ることができます。太古の時代に人類に伝えられたその根源の叡智を私たちが洞察するのは、非常に重要なことです。

東方の教えにおいては、仏陀は一人ではありません。多くの仏陀がいます。彼らはその完全さの度合いにおいてもまちまちです。ある仏陀が地上を遍歴するとき、いわばその背後に菩薩が来ます。そしてさらにその背後に法身仏が来るのです。

法身仏と菩薩が肉体までは降りて来ないときもありました。肉体に魂を吹き込まず、エーテル体にのみ魂を吹き込む菩薩もいました。そのような菩薩は、肉眼にはまったく見えません。なぜなら、その菩薩はエーテル体の中にのみ現れるのですから。そのような菩薩が、実際に現れて、高次の存在として、報身仏に特別の霊感を授けました。ですから、その報身仏は、すでに天使の霊感を受けている上に、エーテル体を通してさらに大天使の霊感をも受けたのです。

人間本性のすばらしく複雑な在りように眼を向けることは、人間を理解する上で本質的に重要な意味をもっています。過去の偉大な人物に眼を向けるとき、その人物が彼に啓示を与えるさまざまな存在たちの集合点である、と考えなければ理解できない場合さえあります。

霊的存在たちの霊感を受けることのできる人が十分に多く存在しない時代もありました。その時には、たった一人の人間に高次のヒエラルキアのきわめて異なる存在たちが、それぞれ魂を吹き込む必要さえありました。時には一人の人間の口から、水星人と金星人とが共に私たちに語りかけてくることもありました。ですから皆さん、今日申し上げたことは、人類の進化を理解するのに必要な概念を与えてくれます。このことが理解できたとき、私たちは歴史上の人物たちの真の姿をも認識するのです。もしも私たちが、その人びとの眼に見える姿だけを見ていたら、本質を見誤るでしょう。

明日から、現実の諸惑星の成立について考えようと思います。これまで私たちは、惑星を領域として考察してきましたが、それは惑星が霊的存在たちの居住地であることを理解していただくためだったのです。

第八講　惑星の生成過程

（一九〇九年四月一七日）

霊学から見た太陽系

今日取りあげる高次の存在と太陽系との関係は、通常の科学知識をもつ現代人には、非常にいかがわしいものに思えるにちがいありません。現代の自然科学の立場からでは、まったく理解できないような事柄にも触れることになります。一方、オカルティズムの立場から言えば、近代科学の教える諸事象のすべては、よく理解できることばかりで、本来この連続講義で述べる事柄と近代科学の諸成果との間には、どんな矛盾もないのですが、今のところただ、両者を調和させることは容易ではありません。しかし忍耐強く、個々の内容を辿っていけば、必ず両者は互いに矛盾なく結びつくはずなのです。

そのことと関連して、あらかじめ申し上げておけば、この連続講義で語られる内容の多くは、シュトゥットガルトで行なった『宇宙と地球と人間、その存在と進化、並びにエジプト神話と現代文化との関連におけるその反映』（一九〇八年八月四日―十六日）とライプツィヒで行なった『エジプトの神話と秘儀、現代の霊的諸力との関係を顧慮して』（一九〇八年九月二日―十四日）の両講義の中で、別の側面から取りあげられています。その両講義をここで述べている内容と表面的に比較する人は、そこにいろいろな矛盾を見つけ出すでしょう。その理由は、私の課題が思弁的な理論をではなく、見霊意識の諸事象を語ることにあるからです。その場合には、同じ事象が別の側面から見ると、別様に現れるのです。同じ樹木も、別の方向から見れば、別の姿を見せます。霊的な諸事象についても、同じことが言えるのです。

もちろん、若干の概念から出発して、そこからひとつの体系を組み立てるときには、容易に首尾一貫した体系を提示できます。しかし私たちは下から作業を始め、最終的にひとつの調和的統一を獲得しようとするのです。ですから、いかなる意味で、いかなる関連の下に語られているのかを考えてみてください。たとえば、一般に普及している科学書の中で、木星の大気はタールか蜂蜜くらいの密度がある、と書かれていますが、このことは、霊学の観点から言えば、グロテスクだと言わざるをえません。考え方がグロテスクだというのではなく、事象そのものがグロテスクに見えるのです。そう言うお前は、今日の科学が空気を蜂蜜かタールのようにどろどろした状態にすることができるのを知らないのか、と言う人がいるでしょう。たしかにそれは当たり前の科学的な事実でしょう。しかしそのことを問題にしているのではなく、私たちの考察はもっと別の方向を向いているのです。

科学で言う「空気」は、どろどろにまで濃縮されることができますが、それは霊学にとって、水を石のように硬い氷に変化させることができる、ということと変わりありません。たしかに氷は水ですが、霊学にとって問題なのは、事物の生命状態を考察することであって、今日の科学のように、死せる状態を問題にするのではありません。氷が水であるのは、当然のことですが、一年中水車を使って働いている人に、氷で水車を動かせ、と言ったら、どうでしょうか。氷が水であると抽象的に考えるのではなく、活動する相において宇宙をとらえることが大切なのです。そうすれば、素材における密度の変化について抽象的に考えるのとはまったく異なる視点が得られます。私たちは天体を、今日の科学のようには考察しません。つまり宇宙空間を公転する、特定の大きさのしみのような物体としてではなく、生きた魂的、霊的な存在として、天体を考察するのです。別の言い方をすれば、全体性との関連の下に、個々の天体の成立を考察するのです。

古土星の生成過程

一例として、古土星の成立を取りあげてみましょう。私たち自身の進化の始まりである、あの古土星についてです。すでに述べたように、この天体は、はじめは今日の太陽系全体ほどの大きさをもっていました。初期においてはです。ただし古土星をもっぱら球体の物質と考えてはなりません。物質は固体、液体、気体という三つの状態では存在せず、ただ熱もしくは火として存在していました。

この太古の熱存在がこの円（図参照）であると考えてください。この土星紀の星体が太陽紀の星体に発展したとき、その古太陽の周囲に、黄道獣帯を生じさせる存在たちが現れました。

しかし、すでに申し上げたように、この黄道獣帯は、たとえ太陽紀におけるほどに濃縮し、密集してはいなかったにしても、すでに古土星の周囲にも存在していました。古土星の周囲にも、トローネ、ケルビーム、セラフィームが働いていましたが、まだ霊的な意味においてのみの黄道獣帯だったのです。

この円周が霊的な意味でのその黄道獣帯です。一体それは今日の黄道獣帯と一致しているのでしょうか。この連続講義で明らかにするつもりですが、完全に一致しているのです。ただ次のように考えてみてください。私たちがこの古土星上のどこかに立って、外を指し示すとします。その指示する方向にトローネ、ケルビーム、セラフィームの領域が存在しています。もし私たちが別の方向を指示しますと、そこにもトローネ、ケルビーム、セラフィームの領域があります。この三つの霊的存在たちは、古土星の周囲を輪舞しているのです。そこで次々に特定のトローネ、ケルビーム、セラフィームの存在する方向を指示しますと、

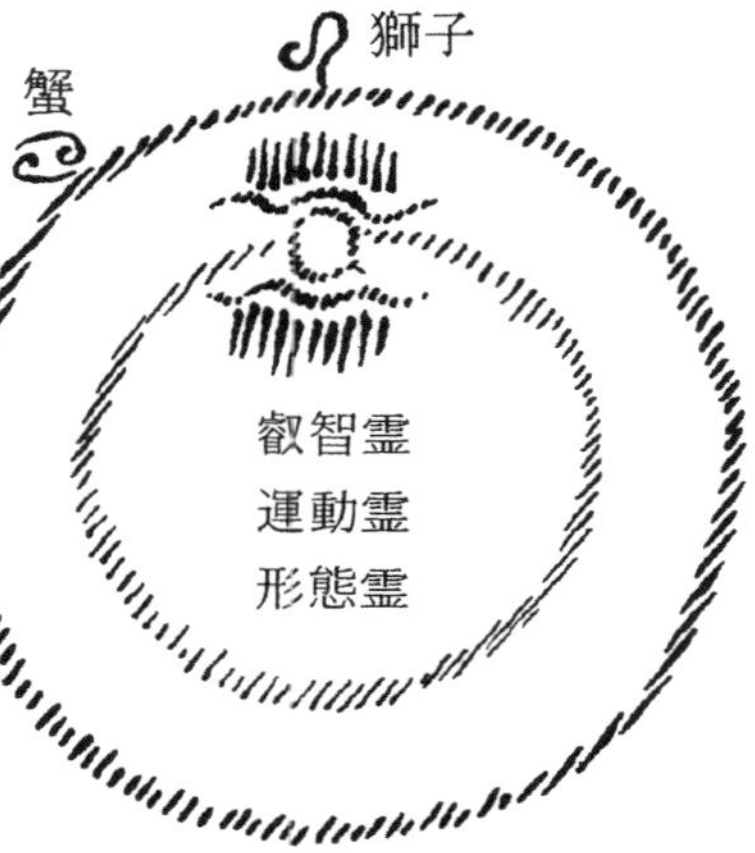

それぞれの領域で、この霊的存在たちが異なる在り方をしているのに気がつきます。決してユニフォームを身につけた十二人の兵士のようではなく、互いに異なる仕方で個別的に存在しているのです。異なる方向を指示するとき、異なる霊的存在たちを指示しているのです。

そのような、個別的に存在するトローネ、ケルビーム、セラフィームを指示するために、人びとは星座を用いました。星座は標識です。或る方向に「双子座」と呼ばれるトローネ、ケルビーム、セラフィームの領域があり、別の方向には「獅子座」と呼ばれる領域があるのです。それでは、黄道獣帯は、古土星にとって、何を意味していたのでしょうか。

古土星の生成過程では、まずトローネが、自分自身の実体を流出できるほどにまで進化を遂げていましたから、その実体を熱としていわば土星体へ滴り落とします。その結果、私たちがグロテスクにも「卵」と呼んだ構成体が、卵形をなして生じます。その構成体は、本当に卵形をしていました。

熱の流出

それでは一体、すでに土星紀以前から、熱成分がそこにあったのでしょうか。以前から存在していたものを一種の偏りのない宇宙熱である、と言うことも可能ですが、それは基本的には、宇宙空間と同じものでした。ですから、以前には熱い空間だけが存在していた、とも言えるのです。そしてその一様な空間に区別が生じ、そしてその区別された空間の表面に、古土星の熱成分と呼ばれるものが滴り落とされたのです。この熱成分が古土星に滴り落ちた瞬間に、その両側面から、セラフィーム、ケルビームという別の霊的存在たちが働きかけたのです。

すでに述べたように、土星空間の内部（図参照）には、形態霊と運動霊と叡智霊が働いていました。外からはケルビーム、セラフィーム、トローネが働きかけます。そしてその結果、外の存在たちと内の存在たちとの共同作用が生じます。

第一講で述べたように、火は内なる魂の火と外に知覚される火とに区別されますが、この両者の間に、中間的な熱が存在します。この中間的な熱がこの卵形の中に存在していました。一方その上方には、魂の熱が広がっていました。それが外から卵の内部へ輝き入り、そして引き留められます。魂の熱は外から作用し、内部で中間的な火に引き留められますと、内部からは物質的に知覚可能な熱が放出されます。従って熱の卵の形は、二つの流れ、外からの魂の熱の流れと内からの知覚可能な熱の流れとの間に生じます。そして今、外からの熱と内からの熱の相互作用によって、土星卵の一つひとつが回転しはじめます。各々の土星卵は周囲を回転しながら、周囲に存在するトローネ、

セラフィーム、ケルビームの作用を受けます。

ところが今、非常に不思議なことが生じます。周囲を回転するこの卵は最後に、産み出された元の地点に到達します。私は霊的な観察で得た事実だけを申し上げているのですが、各々の卵が元の地点に達しますと、そこで静止します。もはや先へは行かずに、留まります。特定の地点で産み出され、次いで円周上を回転し、産み出された地点に達すると、そこに留まるのです。卵の生産は一定の時点まで続きますが、そこで終わり、そのあと熱の卵はひとつも産み出されません。

さて、すべての卵がそれぞれの地点に落ち着きますと、それらは互いに重なり合い、覆い合って、すべてがひとつの卵を形成します。卵たちは産み出された場所でそれぞれ立ちどまり、静止して、もはや新しい卵が産まれなくなったとき、すべての卵が集まって重なり合い、円周の中にひとつの球体を生じさせます。この球は、いわばもっとも濃縮された火物質であり、狭義での土星です。実際、それは今日の土星の存在している場所に存在したのです。

すべては一定の仕方で繰り返されますから、私たちの地球紀の成立に際しても、この経過全体が繰り返されました。今日の土星もまた、特定の場所に生じました。その場所は、古土星のときの場所ではなく、成立したときの状況も一定の理由で相違していましたが、しかし今日の土星の成立過程も、当時と同じ過程を辿りました。つまり、ヒエラルキアに属するすべての宇宙諸力の共同作用によって、根源の巨大な土星から、小さな土星球体が生じたのです。

そこであらためて、これらすべての卵が立ちどまった時点での古土星に眼を向けてみましょう。太古の智者たちは、この時点で古土星上で人間の肉体の萌芽が形成された、と述べました。人体最初の萌芽状態は熱から形づくられましたが、この熱い体の中には、後の器官がすべて萌芽として含まれていました。運動が静止した地点で、まず、人体における心臓の萌芽が生じました。この器官はみずからの運動をやめるとき、人体の活動全体をも停止させるのです。心臓の萌芽は、この地点（図参照）で運動が始まったときに形成されはじめ、ふたたびこの同じ地点でその運動が停止したときに成熟しました。そのときに、鼓動をやめると人体の機能全体をも停止させる程に重要な器官となったのです。

黄道十二宮の名称の由来

ところで、古代語においては、人体のどの部分も特定の動物の名で呼ばれました。心臓は体内の獅子と呼ばれました。人間の心臓の萌芽を生じさせたトローネ、セラフィーム、ケルビームの領域を、太古の叡智は「獅子座」と呼びました。内なる獅子と呼ぶようになった身体器官が外なる宇宙空間に投影されたとき、それを黄道獣帯の獅子座と呼んだのです。

このようにして、人体内のすべての萌芽も、この黄道獣帯を通して形成されました。心臓は獅子座から形成され、心臓のすぐそばにあって、心臓を保護するのに必要な胸郭、「胸の甲殻」の萌芽は、あらかじめ心臓が形成される以前に生じなければなりません。「胸の甲殻」の動物名としては、生まれつきそのような甲殻をもったかにの名が用いられました。外なる黄道獣帯における星座は、はじめは「甲殻座」だったのですが、かにが見事な甲殻をもっているので、この領域を「かに座」と呼ぶようになったのです。それは獅子座の隣りに位置しています。

同じようにして、黄道獣帯の他の諸領域にも名が付けられました。黄道獣帯の諸領域の呼び名を提供したのは、宇宙空間の中に投影された人体に他なりません。

しかし、かに座の場合に見られるような本来の意図を見出すのは、名称がすでにいろいろ歪められてしまったので、容易なことではありません。星座の名は直接伝えられてきたのではないので、本来の意味を理解しようとすれば、根源にまで遡らなければなりません。

しかし今は、土星の崩壊過程の考察をはぶいて、休息期（プララヤ）が経過したあとの進化について語ろうと思います。土星が崩壊したあと、新しい進化が始まりますが、その経過の最初は、以前の土星紀に生じたことと同じです。土星紀全体がはじめに繰り返されます。そしてそのあと、中心へ向けて、第二の形成が始まります。

古太陽の生成過程

古太陽紀と呼ばれる進化段階が始まります。この進化が生じたのは、以前のトローネと同じように、叡智霊がみずからを供犠に捧げたことによるのです。トローネはより強力な存在として、物質成分である熱成分を自分の中から流出しました。しかし叡智霊は、もっと精妙なエーテル体を犠牲に供します。人間はすでに肉体の萌芽をもっています。そして今、叡智霊がそれにエーテル体をつけ加えます。このことは、いわば第二の円周（図参照）の中で生じます。

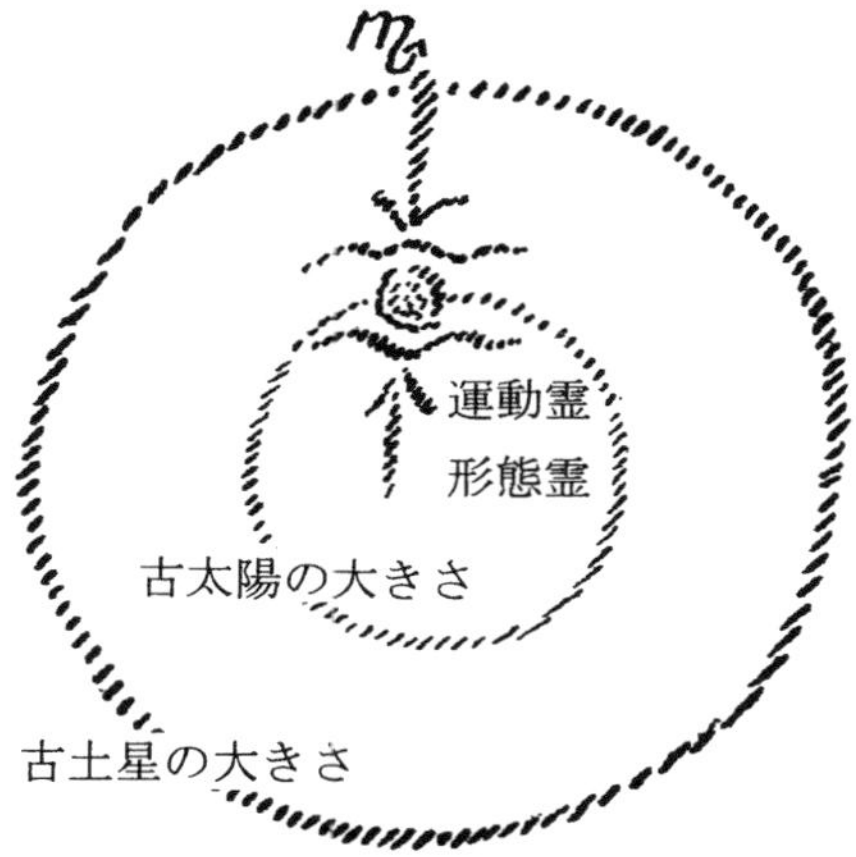

私は今、第二の円周と申し上げました。それが古太陽の大きさです。壮大な以前の円周にくらべると、縮小していますが、縮小した分、もっと濃縮しています。ですから、古太陽の内部では、熱成分だけでなく、濃縮した熱である、ガス＝空気成分も存在するようになりました。

今、周囲からトローネ、ケルビーム、セラフィームと共に、叡智霊が働きかけます。そしてこの太陽球の内部には、運動霊と形態霊だけが存在し、他はすべて周囲から働きかけるのです。

古土星紀とまったく似た仕方で、周囲を取りまく霊たちによって一定の流れが形成され、今叡智霊もその働きに加わります。そしてその結果、この流れは以前トローネによって生じた流れよりも、一層濃縮するに到ります。そして今、ガス球体が一つずつ、この二つの流れの間に詰め込まれていきます。この球は土星の球と区別できます。土星の球はもっぱら熱成分から成り立ち、すべては空間の中で、いわばあちこち動きまわって働いているだけでした。しかし太陽紀の球は、エーテルに浸透されます。ガス程度にしか濃縮していないとしても、エーテル体に充たされた全体が、内的に生きた存在になります。

土星は内的に動くことのできる存在であり、獅子によって動きを停止させられるまで、まったく活発な存在でしたが、木星は（古太陽は木星とも呼べます。なぜなら天空上の木星は、当時の太陽から分裂したその一片の繰り返しなのですから）、内的に生きています。ですから古太陽で周囲を回転している球たちは、生きた球であり、大きな生き物なのです。

さて、この球たちが根源的に産み出され、動くものにされたのは、獅子座ではなく、「わし座」（さそり座）によるのです。黄道獣帯のこの領域からこの生きた太陽球への働きかけがなされます。生きた球は、円周全体を一周したあとで、ふたたびわし座の領域に戻りますが、そのとき、これまでとは異なる事態が生じます。球は、内的に生きはじめた最初の場所へ戻ってきますと、はじめに生命を吹き込んだときと同じ働きによって、球がひとつずつ殺されるのです。すべてが殺され、ひとつも新しい球が生じなくなると、古太陽の生命が終わります。太陽の生命は、新しい球が次々に生じ、最後に重なり合い、そして宇宙空間からの働きで殺される、という在り方をしているのです。古太陽の生命が宇宙空間から受ける死の一撃を、人は「さそりに刺される」と言いました。ですから、死をも意味するこの領域を「さそり座」と呼ぶのです。この星座は、死せる物質に生命を与える「わし」の座でもあり、殺す力を送り込む「さそり」の座でもあるのです。

このように、獅子座は人体萌芽の根源的いとなみを静止させる力をもち、さそり座は生命そのものを殺す力をもっています。この事情と今日の変化した事情との関連は、これから学ぶつもりですが、この関連を知るには時間をかけなければ、不可能です。太古の宇宙の事情は、厚いヴェールに覆われているからです。

土星の物質成分

さて、それに続く状況は、もはやそれほどくわしく考察しなくてもすみます。なぜなら、この素描によって、全体的な経過の意味はすでに明らかなのですから。ただ一点だけ、ここで思い出しておきたいことがあります。土星はどんな物体だったのか、ということです。それは熱の物体でした。ですから私たちが現在の土星に眼を向けるとき、それが木星や火星のような他の天体と同じ物質から生じた、と思うのは、まったく間違っています。霊的に見れば、そこにあるのは、熱空間以外の何ものでもないからです。

皆さんが今、土星を見るときは、光の空間を通して見ています。明るくないものを光に充ちた空間を通して見るときのことを考えてください。それは常に青く現れます。ローソクの火でこのことを確かめることもできます。ローソクの焔は、中心が青く、周囲は一種の光で輝いています。より暗いものを明るいものを通して見るとき、常に青く見えるのです。

私はこのことを、近代の機械光学の観点から見て、まったくナンセンスである、と認めた上で、あえて申し上げるのです。しかし、このナンセンスな主張は、結局は正しいのです。現代物理学の観点では、なぜ空に青空が広がっているのかを説明できません。空が青いのは、暗黒を光に充ちた空間を通して見ているからです。光を通して見る闇は、すべて青く現れます。ですから、私たちの見る土星もまた、やや青みがかった天体として現れるのです。

このことは、頭で考え出された空想的な理論とは一致しませんが、科学上の諸事実とは一致します。今ここで、いわゆる土星の輪がどのようにして生じたのかを述べるのは、脇道にそれてしまうでしょうが、土星の輪は、どの土星の場合にも、中性的な、つまり元素界の熱の層と、魂の熱の層と、物質的に知覚できる熱の層との三つの層から成り立っています。これら三つの異なる層を明るい空間を通して観察すると、ガスの球が一種の輪に取りまかれているかのような錯覚に陥ります。土星の外見は視覚上の錯覚にすぎません。土星は、その本質が今日でも熱成分だけから生じた天体なのです。

今日述べたような関連の下においては、別の仕方で理解することができません。どんな土星存在も、本質的に熱から生じたのです。

木星と火星

太陽段階を意味するすべての木星の元素界は、本質的に火と風から生じました。古木星の繰り返しである今日の木星にも、このことがあてはまります。もちろん空間上の位置や運動状況は変化しています。今日の木星は、以前の木星と同じ場所に位置してはいませんけれども、本質的な点では同じなのです。

同様の仕方で火星を説明するとすれば、液体にまで冷却した大きな球体を考えなければなりません。非常に稀薄な水が、或る位置で水の球に凝縮したのです。周辺に生じた個々の水の球が、最後に一定の位置に集まることによって、火星が生じたのです。土星の場合、獅子座によって運動が妨げられ、木星の場合、さそり座によって死がもたらされたように、火星の場合は、水がめ座において水の球たちが集められました。もちろん火星の場合と木星、土星の場合とでは、個々の点で事情が異なりますが。

今日の火星は、古い月の繰り返しです。かっての月の広がりと同じ範囲を公転している古い月の一部分なのです。他の部分は、残りかすである今日の月なのですが、古い月の生きた部分は、今日の火星の元素界となって存続しているのです。

火星は私たちの惑星進化の第三状態である古月紀の状態を再現しています。ですから、火星は本質的に水の星体です。そして古月紀に——換言すれば古火星紀に——アストラル体（つまり最初の意識）が人間に組み込まれました。当時の人体は、火星（または月）の水の成分から成り立っていました。今日の人体が地球の諸成分から合成されているように、当時の人体は、火と空気と水から合成されていました。当時の人間は、そのもっとも濃縮した存在部分に従って、「水の人」と呼ばれました。特に、アストラル体が吹き込まれたことによって、「水の人」になりました。まだ「自我の人」ではなく、「アストラル体をそなえた人」でした。

このことが生じたのは、或る地点から周囲を回転して、ふたたびもとの地点に戻ってからでした。その地点は「水がめ座」が支配する地点でした。ですから、水がめ座とは、古月紀または古火星紀に、人間が周囲を一回転したあとで、その人間に意識を附与した星座のことです。

地球と牡牛座

次に地球紀に到ります。地球紀は進化の第四状態です。まず以前の三つの状態が繰り返されます。一つの土星が形成され、一つの太陽が形成され、繰り返された太陽である木星をあとに残します。一つの月が形成され、火星をあとに残します。そして太陽を分離させ、残りかすである月を分離させたあとで、遂に地球が生じます。月が地球から分離した古レムリア期において、自我の最初の萌芽が生じます。

ふたたび外から回転への刺激が与えられました。そして一回転したあと、自我の萌芽が受容できるようになります。このことは古レムリア期に生じましたが、それは「牡牛座」の働きによるものでした。「牡牛」と呼ばれたのは、この名称が生じた頃の人間が非常に強い直観力をもち、非常に具体的に感じることができたからです。この名称はエジプト、カルデアの秘儀の教えの中で生じました。秘儀の教義の中でのみ、牡牛という言葉の正確な意味が伝えられてきました。それは「私である」という言葉の最初の萌芽を表現しているのです。

ここでは立入った考察を行なう余裕がありませんが、すべてのオカルティストが知っているように、発声過程は生殖過程と深い関係をもっています。男の子が思春期に声変わりする事実によっても、このことが裏づけられます。発声器官と生殖器官との間には、隠された関連があります。そして人間におけるこの事実に関わるすべてを、古代人は「人間の牡牛性」と呼んだのです。

獅子座と土星、さそり座と木星、水がめ座と火星が関係しているように、牡牛座は地球と特別の関係があります。エジプト文化期、つまり第三後アトランティス期のことを考えてください。第一後アトランティス期は古インド文化期、第二は古ペルシア文化期、そして第三がエジプト文化期です。すでに何度も申し上げましたように、これらの文化期は、地球の進化過程のすべてを、それぞれ繰り返しています。レムリア時代は第三地球進化期でした。ですからエジプトの秘儀の教義は本質的に、レムリア時代の諸経過を霊的に繰り返しているのです。エジプト秘儀の司祭たちは、レムリア時代の諸経過を一番よく知っていました。なぜなら、エジプト固有の文化の中に、それが映し出されていたからです。それゆえ古代エジプトの文化は、牡牛座を、そもそも牡牛を崇拝していました。

このように、太陽系の諸惑星の生成過程を理解するのは、容易なことではないのです。そもそも天体はどのようにして生じたのでしょうか。私たちの土星、木星、火星等々は本来、一種の外皮が形成されたことによって生じたのです。一つひとつが殺され、生命が吹き込まれることもなくなったとき、最後に、それまで外皮を形成していたすべての球体が結びついて、一つの球体をつくり上げるのです。

実際、土星、木星、火星などの諸天体は、一種の外皮から生じました。ひとつの球が他の球と重なり合うことで、外皮が濃縮され、そしてそれが眼に見える星となって夜空に輝くのです。このような観点は、荒涼としたカント＝ラプラス説のような、機械的な宇宙生成論とは無関係です。それは霊界のヒエラルキアの働きから、土星、木星、火星のような天体の生きた成立を扱うのです。

第九講　人間とは何者なのか

（一九〇九年四月一八日午前）

現在の惑星

昨日は、きっと無数の疑問を抱いて、お帰りになったことでしょう。宇宙に関することのような包括的な諸事実を初めて聞けば、にわかには受け容れ難い部分がいろいろ残るにちがいありません。そこで、昨日申しあげたことを、もう一度ここで取りあげておきたいのです。私は思弁や図式からではなく、アカシャ年代記に記された事実から取り出してきた事柄を申しあげていますが、ここで取りあげている事柄は、後になってから、体系的にまとめることができるはずです。

当然生じるはずの疑問のひとつは、現存する諸惑星との関係についてです。きのうは、眼に見える惑星として現れるまでの、惑星の成立過程を辿ってみましたが、ここできっとこう言う人がいることでしょう。「そうは言っても、今、夜空に輝いている惑星たちのすべては、もう完全に物質化されてしまっている。まだ成立過程にある惑星があるというのか」

ここではっきりさせておかなければなりませんが、昨日述べたように、惑星が眼に見える星になったとき、その惑星は新しい段階に入ります。ある惑星の成立過程を辿るとしましょう。古土星の場合のようにその星だけが存在していたときのことではなく、地球紀における諸惑星の成立です。その場合にもまず古土星が繰り返されてもう一度生じます。土星紀、太陽紀、月紀が経過したあとの地球紀の初めにおいても、古土星と同じひとつの巨大な熱の星体が形成されました。土星紀について申し上げたすべての事柄が、ここでも生じたのです。次いで黄道獣帯の獅子座の影響の下に、この自転する巨大な火の玉の特定部分から、今日土星と呼ばれる惑星が分離しました。そのようにして個々の惑星が生じました。

とはいえ、この時点で獅子座によって静止状態が生じたといっても、土星がそのときに完全に運動をやめたというのではなく、それまでの動きがとまった、ということなのです。以前、ばらばらに別れていたものがひとつにまとまったのです。このことは、獅子座の影響の下に生じました。元の巨大な球は今や収縮して、ひとつの小さな球となります。その球が内へ向かって収縮するので、すでに分離していた土星も、その衝撃で運動しつづけます。

それまでの土星は、みずからの内に運動衝動を担っていました。なぜなら、巨大な球の中で、泳ぐように動きつづけることが必要だったからです。この巨大な球が土星を引き離したあとは、内部運動がとまったにもかかわらず、もとの運動に続きました。分離したときの最初の衝撃によって、土星は現在まで回転しつづけています。

木星の場合も同じでした。地球の生成過程で、このようなことが次々に起こったのです。内に向かって収縮する球の中に、分化過程が生じたのです。さそり座の下で、個々の球の生命が殺されました。球そのものの生命活動は終わりましたが、そのかわり今、内部にさまざまな生命活動が始まりました。巨大な生命体としての木星が殺されたあと、そこに住んでいる個々の存在たちが生きはじめました。そして木星がひとつの球体にまとまったとき、こうして殺されたあとでも、運動を続けました。今日の土星、木星等々の運動は、昨日述べた諸惑星の形成過程が終わったときから始まったのです。

私の話から、もうひとつ次のような疑問も生じるのではないでしょうか。土星の次に分離された惑星が今日の木星であり、第三が今日の火星であるのに、時の経過として語られる場合、まず土星紀の次に、なぜ太陽紀、月紀と続くのか。

そう問うことはまったく正しいと言えます。なぜなら、すでに述べましたように、現在の諸惑星は、第四紀である地球紀に繰り返されて生じたものなのですから。土星紀が始まった当時、まさに土星だけが存在していました。太陽紀が生じたとき、そこに形成された星は、太陽と呼ぶにふさわしい状態を示していました。しかし土星紀が終わり、太陽紀が経過したとき、その経過のすべては、太陽紀が終わると共に終わったのです。ですから、土星紀と太陽紀に関しては、それらの経過はすでに終結していると考えなければならないのです。

地球紀の場合は、そう言えません。ここでもまず古土星が生じ、次いで古太陽が繰り返されました。しかしこの繰り返しは、まだ終わっていません。木星が太陽紀の繰り返しの残滓として、あとに残っています。このことを考えなければなりません。次いで月紀が繰り返されました。本来の月紀は終結しましたが、地球紀における月紀の繰り返しは終結しておらず、さらに進行しつづけます。そしてその繰り返しの残滓が火星なのです。

このように、夜空に見える今日の諸惑星は、アカシャ年代記で「地球紀」と呼ばれる第四の時代に生じました。このことを詳細に観察することは不可能ですが、ここで触れておくべきなのは、はじめに一種の巨大な球が存在したということです。火の球もしくは一種の巨大な火の卵が存在し、次いでその球体が回転するのです。

宇宙の帯

すべてのものの出発点にあたる土星紀のあの球が回転したとき、一種の帯（環）が分離して現れてきました。それは卵全体を取りかこんでいるというよりは、一種の幅広いテープのようなもので、この帯の内側に、個々の形態が集まっています。帯の形成は、まったく一般的な宇宙法則のひとつです。宇宙全体も、一種の赤道もしくは帯に沿って、集まっています。銀河はこの法則の結果生じたのです。銀河は外側の帯のように、ぐるりと宇宙空間を取りまいて現れて、その外のところでは、星々がまばらにしか見えないのは、回転が始まるやいなや、事物が帯状に集まってくるという法則の結果なのです。

私たちの宇宙は、本来この法則によって、一種のレンズ状になっています。よく考えられているように、球形をなしている、というのではなく、レンズ状になり、その外側に帯状をなして事物が集まるのです。個々の惑星の成立の際にも、この帯が生じます。私たちが卵の上に何か模様を描く場合には、卵の上にたとえば赤い色で、このような帯を描くべきなのです。卵全体を赤く塗ってはいけません。帯状に塗るのです。宇宙においてもこの帯に沿ってひとつの宇宙体が形成されるのです。或る場所に点を描くとすると、そこからすべてが集まってくるのです。(図参照)

このように、夜空に広がる星々の分布は、本来ヒエラルキアの働きの結果です。巨大な広がりが収縮していくとすれば、それはおのずと生じるのではなく、高次のヒエラルキア諸存在の働きの結果なのです。

太陽系の始まりである、あの巨大な火の広がりが古土星として形成される過程で、人格霊が人間段階を達成し、太陽紀に大天使が、月紀に天使が、地球紀に人間が、それぞれその人間段階を達成しました。その場合、それぞれの惑星紀における人間は、以前に生じたすべての事柄に関わりをもっています。人間の現在の肉体は、土星紀にその最初の萌芽を得ました。当時の肉体は、まだエーテル体とアストラル体の浸透を受けていませんでしたが、今日の人間の霊魂の担い手となる可能性をすでにもっていたのです。

ゆっくりと、順を追って、人体は土星紀にその可能性を身につけていきました。そして古土星自身が形成されたことによって、黄道獣帯の一つひとつの星座に沿って、人体が周囲を巡りながら、個々の器官を創造していきました。古土星が獅子座の下にあったとき、心臓の萌芽が創られ、かに座の下にあったとき、胸郭部の萌芽が創られ、双子座の下にあったとき、人間の左右対称となる形態の萌芽が創り出され、牡羊座の下にあったとき、頭部の萌芽がそこに組み込まれました。言語器官の萌芽は、古土星が牡牛座の下にあったとき、組み込まれました。このようにして人体の諸部分の成り立ちを辿ることができます。人体の各部分を創造する力は、外なる黄道獣帯の中に見ることができるのです。

アダム・カドモン

私たちの今いるこのホールの天井のように、古代において秘儀に参入した人びとの頭上にも、黄道獣帯の図が描かれていました。今私たちは偶然にも――いや、偶然など存在しません――黄道獣帯で飾られた天井のある広間におります。以前の人びとは、黄道獣帯をそれぞれ動物の形に描いたのではなく、人体の諸器官をそこに描き込んだのです。牡羊座には頭を、牡牛座には喉頭部を、双子座には、左右対称をもっともよく表わす両腕を、そしてかに座には胸部を、獅子座には心臓を描きました。また、水がめ座には臑《すね》を、魚座にはくるぶしから爪先までを描きました。そのようにして黄道獣帯を一人の人間として、宇宙の中に描き込んだのです。

このように、トローネ、セラフィーム、ケルビームの働きから、人体が形成されました。そしてそれが偉大なる宇宙人間の姿なのです。宇宙人間のイメージは、諸民族の宇宙神話の中には必ず存在します。一人ひとり異なる個性をもった地上の人間は、その宇宙人間から創り出されます。大宇宙の中に広がっている北欧神話の巨人ユミルのことを考えてください。小宇宙としての人間は、この巨人から創り出されました。造物主である大宇宙人間は、どこにでも存在し、どの人間もこの存在によって担われているのです。深い真理が、このイメージの根底に存在しています。この真理は、諸民族それぞれの見霊能力に従って、さまざまな仕方で表現されています。旧約聖書の根底にある神秘教義においては、カバラのアダム・カドモンとして宇宙人間が描かれています。アダム・カドモンは、黄道獣帯として描かれた人間のことに他なりません。

宇宙人間は、宇宙のもっとも深い秘密を含んでいます。今日の人間はまだこのことの理解にまでは達していません。もし平均的な学者がこの連続講義を聞いたとしたら、私たちのことをまともな人間の集まりだとは思わないでしょう。こうした事柄が学者に理解されるようになるのは、まだ遠い先のことです。けれども私たちは、現代科学の空想的な理論に対立して、太古の叡智に含まれたこの偉大な真理への道を求める時代の発端に立っています。

たとえば宇宙人間の受精のプロセスを理解する以前には、受精の秘密に通じることは決してできません。この点、今日の人も幼稚な考え方しかもっていません。人びとがまだそれを理解する手がかりさえ摑んでいない受精の秘儀は、科学研究の光の下には存在しえません。受精される細胞は、宇宙に較べたら、何と小さいことでしょう。けれども大宇宙の秘密が、極小の細胞の中で生じる秘密を解き明かしてくれるのです。細胞の中で生じる秘密は、宇宙人間以外の何ものによっても明らかにされません。受精の問題に対しては、現代科学のいかなる研究も役に立ちません。科学研究はある種の成果を上げていますが、存在の偉大な秘儀に較べれば、子どもの遊びのようなものなのです。

受精の秘密を解く鍵は、点と円周との中に存するのです。ですから、古代の秘儀の導師は次のように語りました。——「点を理解しようとするのなら、円周を求めなさい。そこに解答がある」。このことが大切なのです。円周を理解したときはじめて、点が理解できるのです。

太陽系内の諸惑星は、それぞれの形態を独立させたあとも、運動しつづけますが、その運動を通して「天体のカルマ」を生じさせます。惑星が独自の存在になりますと、その惑星に結びついた霊的存在たちは、宇宙の存在関連において、その惑星がいつかふたたび消え去らなければならなくなるときのことを、すでに考えはじめます。たとえば、古土星紀の進化のあとを辿ってみましょう。土星紀においては、熱の球体がひとつのまとまりをもつようになるときまでが上昇期である、とも言えますが、濃縮の過程は、すでに土星進化の下降期なのです。

生成と消滅

古土星紀の初期に、回転運動が始まったとき、それを生じさせた霊的存在たちは、その運動体が消滅していくときのことを考慮せざるをえないのです。そしてこのことがカルマなのです。形成されたものは、いつかは消滅しなければなりません。そのようにして、進化の前半期のカルマが、後半期において成就されます。進化の前半期に形成されたものは、その後半期において解体されます。宇宙の成立は、このようなカルマの結果でもあるのです。「宇宙の消滅」は、カルマの苦悩であり、カルマの解消です。どの惑星においても、このような宇宙全体の経過が、小規模な仕方で繰り返されています。どの惑星においても、全体の状況が忠実に反映されているのです。

民族の場合にも、同じ経過が見られます。エネルギーにあふれ、行動意欲にあふれた青春期を辿る民族は、時代と共に次々に多様な文化内容を創造していき、そしてひとつの頂点に達します。しかしそのすべてが達成されたとき、民族のカルマもまた蓄積されます。土星紀の進化と共にカルマが蓄積されていくのとまったく同じように、民族文化の形成と共にカルマが蓄積されるのです。このカルマは、民族がその根源的な力を自分の内から生じさせ、それを最高度に発揮する時点で、もっとも強力に現れます。

さて、地球上では天使、大天使、アルヒァイという高次ヒエラルキアの霊的存在たちが降下して、人類がまだ独立して進歩を遂げることができずにいたときに、人類を指導し、高みへ導きました。その霊的存在たちは、過去においてそれぞれの成熟を遂げた存在たちでした。しかし天上から降下して民族を導くその霊たちがその目標に達したとき、別の霊的存在たちが現れて、新たに当の民族の指導霊になります。或る民族がその最盛期を過ごしたあとになっても、さらに上昇していこうとするのなら、その民族の指導的な人びとが高次の霊的存在たちの担い手になることを、みずから進んで引き受けなければなりません。そうできたときにのみ、民族は本来の使命を乗り越えて、さらに上昇していくことができるのです。

しかしこの場合には、ひとつの条件が満たされなければなりません。すなわち、民族の指導霊であるべき高次の存在たちにあえて結びつこうとする人びとは、すでに蓄積されている民族のカルマを自分のカルマとして引き受けなければならないのです。これは民族のカルマを引き受けるときの重要な法則です。或る時点から、指導的な人物が民族のカルマを引き受けなければなりません。たとえばヘルメスはそのような人物でした。このことは、偉大な宇宙経過を民族の次元で反映しているのです。

けれども宇宙の反映について語るなら、私たちはもっと先まで進まなければなりません。トローネがトローネとなったのは、被造物から創造主に、「受ける」状態から「与える」状態になったからです。トローネはかつて、別の太陽系において進化を遂げつづけ、そして自分の本質を流出できるところにまで達したのです。それは高い段階での帰依であり、宇宙から受けとるのではなく、みずからをそこに捧げるのです。

人間にとっての進化とは

このことの反映がふたたび人間の場合に生じます。一体人間が進化するとはどういうことなのでしょうか。アトランティス時代、レムリア時代をイメージしてください。そしてさらに人間の未来をもイメージしてください。人間は肉体、エーテル体、アストラル体、自我を受け、そして今、自我によってアストラル体、エーテル体、肉体をマナス、ブッディ、アートマ、つまり霊我、生命霊、霊人に造り変える作業をしています。ですから、古来あらゆる時代において、根源の叡智は次のように教えてきました。――「人間はアストラル体を変化させ、一部分は古くからのアストラル体、一部分は新しいマナスにしてきた。しかし未来においては、アストラル体が自我の働きで霊我そのものにならなければならない」

まだアストラル体が完全には自我の作業に貫かれていない場合を考えてください。基本的には、ごく少数の人を除いて、すべての人がまだそのような状態にいるのですが、その人の自我がすでに変化させた部分は、永遠にその人と共に存在していきますが、まだ変化しきれずにいる部分は、その人がカーマローカ*を通っていったとき、一種のアストラル体のさやのように、離れていかざるをえません。そしてアストラル界にのみ込まれ、悪しき欲望や情念として、よこしまな行為を呼び起こす働きをしています。人間の進化とは、それぞれの人が自分のアストラル体をアストラル界に戻さなくなることにあるのです。

人間は死を迎えますと、ほどなくして、エーテル体を分離します。エーテル体の精髄だけが自我と結ばれつづけます。カーマローカを通っていくとき、自我によって変化していないアストラル体のさやが分離します。そして変化した部分は、自我の中で永遠に生きつづけ、新しい受肉を共にします。人間が完全になればなるほど、人間がアストラル界に戻す部分が少なくなります。そして最後には、その人のアストラル体のうちカーマローカに留まる部分がなくなります。そして地上の誰もが、カーマローカに残された悪しきアストラル部分による害を受けなくなるのです。

進化を遂げた人は、変化したアストラル体によって霊界を霊視できるようになります。アストラル体のすべてがそのときには霊化され、霊我になっています。アストラル体のすべてが、自我に伴って転生していきます。以前には悪しきアストラル部分があとに残されましたが、今やアストラル体のすべてが、転生の過程をすべて共にします。そして新しいアストラル体形式である霊我がエーテル体に自己を刻印づけます。そうすると、エーテル体もこの変化したアストラル体の刻印を受けます。エーテル体はまだ完全に変化させられてはいませんが、霊我の形式がエーテル体の中に刻印づけられます。

応身と法身

このようにしてアストラル体が霊我そのものになりきった高次の存在のことを、東洋の学問は「応身《おうじん》」（ニルマーナカーヤ）と呼んでいます。つまりこの存在のアストラル体、つまりアストラルの身体＝カーヤは、残りの部分を何ひとつあとに残さずに自由に変化しうる段階にまで達しているのです。

さて人間は、さらに自我の作業を進めていくことができます。そして最後には、自分のエーテル体だけでなく、自分の肉体をも造り変えます。エーテル体と肉体が造り変えられて、人間自我の支配下に置かれたときは、何が現れるのでしょうか。アストラル体が霊我になるだけでなく、エーテル体の中にブッディまたは生命霊が次第に発達を遂げ、そしてその生命霊またはブッディが肉体の中に自己を刻印づけるとき、一段高次の進化段階、一種の中間段階が達成されます。人間はこの中間段階を通して、自分のエーテル体を何ひとつあとに残す必要がないところにまで到ります。そしてエーテル体を生命霊もしくはブッディ形態にして、それを永遠に保持しつづけます。

このようにして人間は自分のアストラル体とエーテル体を自由に支配できるようになります。その人の自我は、転生を続けながら、アストラル体とエーテル体を造り変え、エーテル成分、アストラル成分から新しい完全なアストラル体とエーテル体を形成したのです。

それによって、その人は自分自身のアストラル体とエーテル体を、いわば供犠に捧げて、それを他の人たちに委ねることができるようになったのです。自分のアストラル体とエーテル体を供犠に捧げることのできる人たちが、本当に存在しています。自分が地上に受肉したときに、そこにある素材から、自分のためのアストラル体とエーテル体を新たに形成することができるまでに達した人たちは、そこまで完全な状態になりますと、この世で特定の使命を達成しなければならない人びとに、自分のアストラル体とエーテル体を委ねることができるのです。そのようにして、後世の人たちはその人たちのアストラル体とエーテル体を受けとります。そのようにして、その人たちは、自分の時代を生きるだけでなく、自分のアストラル体とエーテル体で未来にも働きかけるのです。

たとえばゾロアスターは、自分のアストラル体を自由に処理できたので、そのアストラル体をあとになってヘルメスの中に組み込みました。彼は次のように言えたのです。――「私は生きている。しかし私は、もはやゾロアスターとして生きているのではなく、エジプト文化を開くべきヘルメスのアストラル体として生きている」

このような人物は、自分のいる場所で働くだけではなく、未来に働きかける身体（カーヤ）をもっています。それは未来への進化を促す法則を体現している身体です。未来へ働きかける法則をダルマと言いますので、そのような身体を「法身《ほっしん》」（ダルマカーヤ）と言うのです。これは東洋の学問において、しばしば繰り返される表現です。私たちはこのようにして、古来、根源の叡智が常に与えてきた、真の教えを受けとることができるのです。

人間とは何者か

さて、これまで述べてきたさまざまな事柄を思い起こすとき、私たちにとっての根本的な問いが生じることでしょう。一体、人間とはそもそも何者なのか。

人間とは、特定の進化段階のことです。人格霊は土星紀において人間でした。トローネでさえも、かつては人間であったに相違ないのです。そして私たち現在の人間も、進化を続けるとき、高次の存在になります。すでに見てきたように、人間にとって高次の進化の最初の段階は、天使であり、大天使です。それはみずからを供犠に捧げることのできる存在のことです。最初の供犠は、トローネによって生じました。地球紀における人類の創造活動の最初の輝きは、民族や人種を導く存在たちによってもたらされました。この存在たちは、みずからの本性を流出できるまでに、みずからを進化させることができたのです。トローネがみずからの本性を流出させたように、応身たちも、みずからの体を未来へ向けて流出させます。それは後世の人びとが、進化の特定の時点で、この流出を受け入れなければ、さらに進化しつづけることができないからです。

進化とは、他を受容する地点からみずからを流出する地点までの間のことを言うのです。どんな存在といえども、被造物から造物主にまで進化していきます。大天使は太陽紀に人間にまで進化を遂げ、人格霊は土星紀に、天使は月紀に、そしてわれわれ人間は地球紀に、人間にまで進化を遂げました。

こうして、次から次へと存在たちが人間になっていくのでしょうか。一体、すべてはこのようにして、限りなく進化しつづけていくだけなのでしょうか。

進化の輪は、永遠に回転しつづけるのでしょうか。たとえば、土星紀においてすでにあったことが、太陽紀において、異なる存在によって、ただ繰り返されるだけなのでしょうか。存在というものは、ただ受け入れるだけの被造物から、みずからを供犠に捧げることができる造物主にまで発展していくということだけなのでしょうか。そのことがすべてなのでしょうか。

そんなことは決してありません。人格霊が達成した土星紀の人間性と、太陽紀における大天使の人間性と、火星紀（月紀）における天使の人間性は、われわれの地球上の人間性とは、決して同じ人間性なのではありません。たとえば、現在の天使と木星紀における私たちとも同じではありません。現在の火の霊は、金星紀における私たちの姿なのではありません。地上に生きる私たちが宇宙の進化の過程でいつか達成するであろう存在は、決してすでに存在していたわけではありません。私たちの現在の段階は、以前他の存在たちによってすでに達成されていたのではないのです。

単に人間になるだけのことなら、永遠に繰り返されることかもしれません。私たちは土星紀における人格霊や、太陽紀における大天使や、火星紀における天使と同じ存在でしかないでしょう。しかしそうだとすれば、高次の神々にとっては、特定の段階に立つ被造物がまたひとつ増えただけであり、何ら特別のことが達成されたわけではありません。しかし、私たち人間は、まさに地球紀に人間となったことによって、天使にも、大天使にも、人格霊にもできなかった何かをすることのできる存在になったのです。宇宙の創造行為が、大天使と天使のあとに人間を生み出したことによって、何が達成されたのでしょうか。それによって、どんな進化が為し遂げられたのでしょうか。

人間は、より深く降りてきたことによって、おそらくより高く昇っていく権利を得たのではないでしょうか。私たちは今、この問いを、いわば最後の問いとして提出しようと思います。

そして次の最終講は、宇宙における人間の意味、人間と高次のヒエラルキアとの関係の考察に捧げようと思います。

［訳注］

＊カーマローカ――死後の煉獄のようなところ。『神智学』に詳述されている。

第十講　進化の目標（一九〇九年四月一八日夜）

物質の消失

先回の最後に取りあげた問題以外にも、この連続講義の中で、なおいろいろな問題を取りあげるべきかもしれませんが、宇宙に関しては、十回の話の中で語り尽くすわけにはいきません。そこで、先回の最後に取りあげた問題に向かう前に、それに関連する若干の事柄をここでつけ加えておきます。

まずお話ししたいのは、現代人の意識には極めて理解し難いことなので、はじめはまったく理解できないかもしれませんが、そのような問題が存在するということを、知るだけでもいいのです。

一体、太陽系の星々は、どのようにしてふたたび消えていくのでしょうか。これがまず取りあげたい問題です。進化とは何か、ということについては、すでに理解してくださったと思います。存在たちは、より高次の段階へ向かって上昇していきます。そしてその上昇によって、それまでの居住地を離れなければなりません。進化を遂げるには、そこでなければ進化できない特定の居住地が必要なのです。

進化の過程で、太古のレムリア期に到った人間は、土星紀、太陽紀、月紀に獲得してきたすべてを、もう一度繰り返して体験しました。そしてそれから、それ以上の進化を遂げるのに必要な、新しい居住地である地球に登場しました。レムリア期、アトランティス期を通過した人類は、今日の時代にまで進化を遂げ、さらに未来へ向けて、輪廻転生を繰り返しながら、進化を遂げていきます。けれども、その後ふたたび地球を立ち去らなければならなくなります。それは、地球がもはや何も人間に提供できず、進化の可能性をもはや与えられなくなったときです。

人類が立ち去ったあとの地球は、荒涼とした瓦礫の山になってしまいます。すべての住人が立ち退いたあとの街の様子を想像してください。その街はその後、次第に瓦礫のかたまりに変わっていきます。大地に呑み込まれた古代諸都市の姿が、そのことをよく示しています。今日の地球においては、そうならざるをえません。けれども、未来の地球においては、そうならないのです。

たとえばレオナルド・ダ・ヴィンチやラファエロのような大天才がそれぞれの分野で成し遂げてきた事柄は、地球の進化にとって何を意味するのでしょうか。今日もなお、無数の人びとの心を喜ばせてくれるラファエロやミケランジェロの作品は、地球の進化にとって何を意味するのでしょうか。ミラノに行って、レオナルド・ダ・ヴィンチの「最後の晩餐」図を眼の前にした人は、哀しい気持ちで、この偉大な作品がこのあといつまで存在しつづけるだろうか、と思わずにはいられないでしょう。たとえばゲーテがイタリア旅行をした頃には、この絵はまだ新鮮な姿を示していましたが、今ではすっかり変わってしまっているからです。

ゲーテの時代から今日までの百数十年間に、物質界におけるこの作品は、哀しい気持ちを呼び起こすほどにまで変わってしまったのです。これからまた百数十年たったら、この作品はどうなっているでしょう。人間が地上で創造したものは、すべてそうなのです。けれども基本的には、地球自身についても、人間の思考作業そのものについても、同じことが言えます。人間が霊化されて、高次の領域へ到るときのことを考えてください。今日の意味での思考内容——私は科学思想のことを言っているのではありません。今日の科学的宇宙観は、三百年か四百年たった頃には、もはや何の意味ももちえないでしょうから——、今日の人間の思考内容全般のことを考えてみてください。今その思考内容は、地球上で有効な仕事をしていますが、高次の世界にとっては何の意味もなく、地球にとってのみ意味をもっています。そのような思考内容は、人間が地上を立ち去ってしまうとき、一体どうなってしまうのでしょうか。

レオナルド・ダ・ヴィンチのような偉大な天才たちが地上の物質素材に刻印づけた思考内容、その優れた創作衝動は、地球の未来にとって何の意味もないのでしょうか。未来は地球を瓦礫の山にしてしまい、人間が地上で創り出したものは、地球の存在と共に消え失せるだけなのでしょうか。私たちはケルン大聖堂をすばらしいと思っていますが、比較的短期間の内に、そこには廃墟だけしか残らなくなるでしょう。しかし人間がケルン大聖堂の思考内容を一度石材の中に刻印づけたことは、地球全体にとって何の意味もないのでしょうか。

あえて申し上げますが、どの惑星も、進化の過程で、次第に縮小していきます。それが惑星における物質の運命なのです。現代人の理解力にとって困難な、おそらくはまったく理解できないことを申し上げるのですが、地球は絶えず縮小しつづけるのです。物質はあらゆる側から中心に向かって濃縮します。もちろんエネルギー恒存の法則を知った上で、すべてのオカルティストに知られている事実をあえて申し上げますと、物質は中心点に向かって、ますます縮小していき、そしてとうとう中心点において消失してしまうのです。一方の側に押しやられるのではなく、中心点で実際に無の中に消えるのです。すべての物質が中心に向かって凝縮していくのですから、地球全体もまた、いつかは中心点の中へ消えていきます。

水晶天

しかしそれがすべてではありません。中心点の中へ消えていくと、周辺からふたたび現れ出るのです。外側にふたたび姿を現すのです。物質は、空間内のある場所で消えると、その外側からまた現れてきます。中心点の中へ消えてしまうものはすべて、周辺から現れます。惑星上の諸存在がかつて物質に刻印づけたものも、新たに、周辺から現れる物質の中に組み込まれています。もちろん、それはかつて見られた形態ではなく、中心で消失して周辺で現出するという、この変化に応じた形態を示していますが、そのような仕方で、ケルン大聖堂の物質素材もまた、中心点の中へ消え失せても、反対の側からふたたび現れてきます。ですから、惑星の上でなされた仕事は、何ひとつとして失われることがありません。

土星紀に始まる地球進化の発端以前に生じたものは、黄道獣帯よりもさらにその外に現れました。太古の叡智はそれを「水晶天」と呼んでおります。この水晶天の中に、以前の進化期における諸存在の行為が託されていました。その行為が、新しい進化期の創造行為を可能にする土台をつくったのです。すでに述べたように、現代人の理解力にとって、これは非常に受け入れ難いことです。なぜなら、現代人の物質観からすれば、三次元空間上のある場所で物質が消失し、そして異次元を通過したあとで、それがふたたび別の三次元空間に戻ってくるなどとはとても考えられないからです。

考え方が三次元空間内に限定されているかぎり、このことを理解することはできません。三次元空間を越えた発想が必要です。物質が別の側から三次元空間の中にふたたび現れてくるまで、その物質は三次元空間のどこにも見出せません。そのときの物質は、異次元の中で存在しています。このことが分かりませんと、先へは進めません。そもそも宇宙成立に関わる事柄は、多様きわまりない仕方で相互に関連し合っています。ある場所に存在するものは、三次元空間上のまったく離れた場所に存在するものと、まったく複雑な仕方で関連し合っているのです。

私たちの惑星系は古土星紀と共に始まりました。次の太陽紀においても、周辺のすべての存在が創造の働きを共にしていました。しかし惑星内で働く諸存在が進化を遂げるように、周辺から働きかけてくる諸存在もまた、進化を遂げます。そして特定の諸存在が周辺から古太陽の中に取り込まれます。外なる宇宙空間に存在する特定の諸存在が取り込まれるのです。そして古太陽が濃縮していくにつれて、私たちの太陽系進化とは関わりを持たずに収縮していった存在たちから、まず天王星が、そして月紀にも海王星が、同様の諸存在によって生じました。天王星、海王星の名は、古代におけるような仕方でつけられたのではありませんが、それでもその名称には深い意味があります。まだ若干霊的な予感が残っていた時代に名づけられたので、私たちの太陽系外に存するものを、天王星、海王星と名づけたのです。

今日の天文学が他の諸惑星と同じように見なしているこの両惑星は、まったく別の関連の下にあり、私たちの太陽系の生成とは特に関係をもっていないのです。この両惑星は、土星紀において、周辺にあった存在たちが収縮し、消失し、そして新たに周辺に生じた星たちなのです。たとえばこの両惑星における逆まわりの衛星その他の諸事実は、この点から理解できます。

以上は、太陽系の生成過程に関してでしたが、ここで改めて問おうと思います。「人間は、高次のヒエラルキアの存在たちにとって、どのような存在なのか」

ヒエラルキアを取りまく根源の宇宙叡智

まず、ヒエラルキアの最高位にあるセラフィーム、ケルビーム、トローネについて考えてみましょう。これらの存在たちを性格づけることは、人間の存在理由を知ることに通じると思うのです。

第一ヒエラルキアの周囲を、根源の宇宙叡智が取りまいています。セラフィーム、ケルビーム、トローネが他のヒエラルキア存在と異なるのは、それらが根源の宇宙叡智に直接取りまかれている点にあります。人間が進化を通して求めていかねばならない究極の目標に、第一ヒエラルキア存在ははじめから達しているのです。私たち人間は、現在の立場から出発して、ますます高次の認識力、意志力等を獲得し、それによって、根源の宇宙叡智にますます近づき、根源の宇宙叡智がますます身近な存在になるように努めなければなりません。根源の宇宙叡智はまだヴェールに包まれています。しかしセラフィームとケルビームとトローネは、私たちの進化の発端から、根源の宇宙叡智を直観することができました。人間の到達目標を、すでにはじめから手に入れていたのです。この存在たちは、太陽系の成立する時点ですでに根源の宇宙叡智を直観しており、存在することは、同時に根源の宇宙叡智と共に生きることでした。

このことを知るのは、無限に重要なことです。太陽系の進化全体は、根源の宇宙叡智の直観から為されるのです。根源の宇宙叡智の自己実現なのです。ヒエラルキア存在の為すべきことは、根源の宇宙叡智の意志を実現すること以外の何ものでもありません。この意志は非常に強い力なので、ヒエラルキア存在たちは、熟慮することも判断することもなく、自分が宇宙意志、根源の宇宙叡智の執行者であることをよくわきまえています。

叡智霊、運動霊、形態霊、つまり第二ヒエラルキアは、直接根源の宇宙叡智に取りまかれているというよりは、根源の宇宙叡智に衝き動かされるのです。第一ヒエラルキアの場合、根源の宇宙叡智に従うことは当然であり、その直接的な関係から言っても、それ以外のことは考えられませんが、第二ヒエラルキアにおいても、根源の宇宙叡智に反する行為など、まったくありえません。

悪の成立

ところが、宇宙進化の方向を前へ進めるために、或る特別のことが生じなければなりませんでした。ここで、秘儀の叡智に或る程度参入した者にとっても理解し難い領域にふみ込むことになります。

古代においては、次のことを通してそれが伝えられてきました。――古代秘儀の特定の参入段階において、参入者は敵対する力の前に立たされたのです。その力は外から見ると、恐ろしく残酷な様子をし、ぞっとする態度を表わしていました。残酷な行ないを演じるのは、仮面をかぶった祭司たちでした。必要な誘惑を実感させるために、祭司たちは恐ろしい悪鬼の姿をよそおい、信じられぬほど残酷なことをやってみせなければなりません。それは進化の方向が目標から大幅にそれることがありうることを教えるためでした。祭司自身が邪悪な姿をとって現れます。

参入者は、自分の前に悪の存在が立っている、と信じます。しかし祭司が仮面を脱ぎ去ったとき、その幻想が消え、自分が試練の前に立たされていた、と悟ります。

悪に対しては、十分に意識して立ち向かわなければなりません。そのために祭司たちは、参入者を恐ろしい姿をした悪鬼の前に連れ出すのです。この一連の経過は、宇宙進化の中で実際に生じたことを再現しているのです。

木星進化期（太陽紀）と火星進化期（月紀）の中間期に、特別の使命が特定数の運動霊に与えられました。進化の道を前進させるかわりに、その道を妨害する使命です。その結果、私たちが「天上の戦い」と呼んだ宇宙戦争が生じました。こうして「戦場」へ「派遣」された運動霊は、進化を妨害するために働きます。目標へ向かって道がまっすぐに続いている限りは生じえないような、もっと偉大な事柄を生じさせるためにそうするのです。

手押し車を押すときのことを考えてください。前へ押し出すたびに、私たちの筋肉の力が発達します。手押し車の中に重い荷物を載せれば、そのぶん押す力も余計に必要となり、私たちの筋肉の力も一層発達します。木星進化期を通過するまで、宇宙進化がそのまま続いていたならば、人間は立派に進化を遂げたかもしれませんが、進化の道が運動霊によって妨害されたので、人類はそれ以上に力強くなりえたのです。人類の繁栄のために、運動霊たちが派遣されたのです。

運動霊たちは、はじめから悪しき存在だったのではなく、私たちも彼らを悪しき運動霊と呼ぶことはできません。それどころか、運動霊は進化の道を妨害することで、みずからを犠牲に供したのです。

この運動霊は、広い意味で「妨害の神々」、進化の道を妨害する神々なのですが、この神々の働きのおかげで、その後の一切が生じたのです。この運動霊は、それ自身悪しき存在ではなく、反対に、進化の偉大な促進者なのですが、しかし彼らから悪が生じました。

この運動霊の進化の道は、他の運動霊のそれとはまったく違っています。働き方がまったく異なっており、月紀においては特定の天使たちの誘惑者となったのです。

ルツィフェル

天使たちは月紀の間に、その人間段階を通過し、いわば「天使人間」として、この運動霊による進化の妨害の結果を見ていました。そして、自分たちは今、この妨害を克服し、月紀の進化の流れの中で働くことができるが、そうしようとは思わない。下に降りて行かないで、上方の良き神々の下に留まろう、と考えました。

この天使たちは、月紀の特定の時点で、月紀の進化を妨害する運動霊の影響から逃れましたが、別の天使人間たちは、次のように考えました。自分たちがこの天使たちに従ってしまえば、進化を逆行させてしまう。新しいものが進化の中に組み込まれなくなる。運動霊たちの妨害が存在するからこそ、月紀以後の進化に新しい状況が生じるのだ。

一方の天使たちは、下方で生じる事柄には関わりたくない、と思い、月紀の間、月を離れて、太陽の信奉者となりました。月紀から切り離され、発展を妨害された月紀の状況に関わろうとしませんでした。しかし、もう一方の降下した天使たちは、月紀におけるみずからの身体素材のすべての中に、進化を妨害する働きを取り込みました。身体は、その結果、それまでよりもはるかに濃縮されました。

しかし運動霊の妨害行為は、神的摂理によるものであることを忘れてはなりません。月紀が地球紀へ移行したとき、このことがもう一度繰り返されました。月紀の経過の中にすっかり巻き込まれた存在たちは、それにまったく関わろうとしなかった存在たちより、ずっと立ち遅れていました。

その結果、地球紀においては、進歩した天使人間と停滞した天使人間とが現れました。進歩した天使人間は、人間自我の萌芽を受容するまでに成熟したレムリア期の人間に働きかけ、霊界に昇っていく可能性を与え、宇宙進化の中に月紀以来混入してきたものに関わらずにすむようにしました。

一方、停滞した天使人間たちは、人間のアストラル体に働きかけました。ルツィフェル的存在と呼ばれるこの天使人間たちは、人間の自我に干渉することはできませんでしたが、アストラル体の中に「天上の戦い」の結果を注ぎ込んだのです。運動霊は「天上の戦い」に派遣され、妨害の神々となったのですが、今その行為の結果が人間のアストラル体に組み込まれ、それによって誤謬と悪を犯す可能性が与えられました。しかし同時に、自分自身の力でその誤謬と悪を克服する可能性も与えられたのです。

さて、第二ヒエラルキアに属する運動霊のような存在の場合、利己的な理由で悪しき存在になることはありません。神的な摂理に従って悪の役割を演じたのです。第三ヒエラルキアの天使は、この妨害する運動霊に従うことも、従わないこともできたのですが、それに従わなかった天使たちは、神話の中では、天上の戦いに勝利をおさめた者として描かれています。

神話は、人間が人間動物にまで進化した月紀に生じたことを表現しています。月紀に下方の月上で生じた事柄から自由となった天使たちの神話的な形姿は、「ミカエルと龍との戦い」その他の中に表現されています。「ミトラと牡牛」の形姿もその典型的な例のひとつです。

もちろん、そのときの天使は、人間たちの未来の理想として表現されたのです。天使たちは霊界へ昇っていきましたが、人間は地上に降下し、そして人間と一緒に、妨害する運動霊に従った他の霊的存在たちも、降下しました。今人間は、その結果を受け入れ、その妨害を克服し、ふたたび霊界に昇っていかなければなりません。人間がふたたび霊界に昇っていくときには、このミカエルのような、この牡牛の征服者のような存在になっていなければいけないのです。このような神話には、下降と上昇の二重の意味が込められています。

運動霊が悪を持ち込んだことによって、人間は自分の力でそれを克服して、目標に到達できるようになりましたが、ヒエラルキアの最高位にあるセラフィームでさえも、人間のように善悪のいずれかを選ぶという自由はありません。自由が与えられていることに、人間の行為の本質があるのです。セラフィーム、ケルビーム、トローネは、神的な叡智を体現しています。第二ヒエラルキアの存在たちも、ひたすら神的叡智に従っています。ですから、運動霊の中の特定数が悪へ赴いたといっても、それは神的叡智に従ってそうしたのです。この「悪の起源」においても、もっぱら神的な意志だけが成就されるのです。運動霊は、悪という廻り道を通って善を発達させようとする神的な意志を成就したにすぎないのです。

形態霊もまた、利己的な動機で悪しき存在になることはありえません。人格霊にも、大天使にも、同じことが言えます。大天使が人間であった太陽紀には、運動霊はまだ悪へ赴いてはいませんでした。

自分から悪しき存在となる可能性をもった最初の存在は、天使でした。そしてこの可能性は、月紀になってから生じたのです。太陽紀から月紀に到る間に、「天上の戦い」が生じました。天使の一群は、この可能性を否定し、妨害する力の誘惑にも負けずに、以前からの本性を忠実に守りつづけましたが、しかし別の一群の天使は、運動霊が「天上の戦い」において生じさせたものの中に、あえて落ち込んだのです。

この天使たちは、その結果「ルツィフェル的存在」と呼ばれ、地球紀に、人間のアストラル体に働きかけ、人間に悪の可能性を生じさせました。そしてそれは、人間が自分の力で自由に進化できるようにするためでした。ヒエラルキア全体の中で、天使の一部分と人間だけに、自由の可能性が与えられたのです。いわば天使の系列の中から自由の可能性が始まるのですが、人間の場合にはじめて、自由が、生きることの本質と結びつきました。

人間は、地球紀を迎えたとき、たちまちルツィフェル的な霊たちの強い力にとらえられました。そのアストラル体は、この力に支配され、人間の自我は、アストラル体のこの力の中に閉じ込められました。

レムリア期からアトランティス期へ、そしてその後に到るまで、自我はルツィフェルに影響されたアストラルの雲に包まれつづけました。人間がこの強力な力に圧倒されなかったとすれば、それは上方に留まりつづけた天使と大天使が特定の個人たちに受肉して、人間を導いたからなのです。そしてこのことが、ある特別な事態の生じるまで続きました。

自我の神

それまで太陽と結びついていた霊的本性が、それまでのヒエラルキア存在とは異なり、人間の肉体、エーテル体、アストラル体だけでなく、自我の中にまで入っていったのです。以前の高次の存在たちは、地上に降下して人間の肉体とエーテル体とアストラル体とを、みずからの魂で支配しました。しかし今、これまで太陽と結びついていた最高の本性が、自我にまで働きかけたのです。その最高の本性を自分の中に受容させた個人が地上に現れたのです。

自我は血の中でみずからを表現します。物質素材としての血液は、自我の表現なのです。そして血液の熱、血の火は古土星紀の火の名残りであり、「四大における自我の表現」なのです。

この霊的存在は、二重の仕方で物質形態をとって現れました。まず第一に、モーセの書における火として、燃える茨として、シナイ山上の稲妻として現れました。同じ霊的本性が、燃える茨から、シナイ山上の稲妻と雷鳴とから、モーセに語りかけたのです。

この本性が、或る人間自我の中に入り込みました。この本性は、モーセに語りかけることで自分の到来を準備し、そして今、ナザレのイエスの肉体の中に現れました。太陽存在が地上の個人の自我の中に入ったのです。

そのとき、自我の中に入った力は、ますますその自我に強く働きかけ、自我を弱めようとする悪の作用をますます自分の力で克服していきました。自我の中に入ってきたこの霊的存在は、それまで地上に降下して、肉体、アストラル体、エーテル体を自分の魂で支配した霊的存在たちとは、別格の存在だったのです。

太古の聖仙たちのことを考えてください。彼らのエーテル体の中には、すでに見たように、高次の霊的存在が働いていました。聖仙たちは、このエーテル体をアトランティス期の偉大な祖先たちから受けつぎました。この祖先たちのエーテル体の中にも、この霊的存在が働いていました。そのようなエーテル体が聖仙たちに伝えられたのですが、彼らのアストラル体と自我は、このエーテル体の霊感に従うことができませんでした。そしてその状態がその後も続きました。

エーテル体に霊感を受けたとき、常にその霊感は人間の中で暴力のように立ち現れたのです。霊感が力ずくで人間をとらえたのです。より良き存在になるために、聖仙は自分自身に頼るのではなく、自分の能力の或る部分がより高き存在の命令に従わされたのです。すべての宗教の創始者たちに、このことがあてはまります。「天上の戦い」を超越した高次の存在たちが彼らに憑依したのであって、宗教の創始者たちの人格が偉大だったのではありません。

自我の神は死を通して働きかける

しかしキリストの中には、まったく別格の霊的存在が働いていました。その霊的存在は、強制力によって人間を支配しようとはしませんでした。これが本質的な点なのです。

キリストの地上での在り方を見てみると、本来、キリストはキリスト教を広めるために何も行なってはいません。古代の宗教創始者たちは、人類の偉大な教師として、生涯の特定の時期から教えを説きはじめ、その教えは圧倒的な仕方で、人びとに影響を及ぼしました。しかしキリストは、基本的に、その教えを通して働いたのでしょうか。キリスト教はその教えの中に主要な点がある、と信じる人は、キリストを理解していません。キリストは、その教えを通して働きかけたのではなく、その行ないを通して働きかけたのです。キリストの最大の行ないとは、死を遂げた、という行為なのです。死そのものを一つの行為として遂行したことが本質的な点なのです。

このキリストの行為が世界に広められたとき、キリスト自身は、地上の存在として、もはやその場に立ち合うことはありませんでした。

キリストのどんな教えも、どんな説教も、そのどれをとってみても、他の宗教の教えの中に見出せるものばかりです。このことは決して否定できません。キリスト教の教えの本質的な部分はすべて、他の宗教の中にも存在しています。しかし、キリストは、その教えの内容を通して人びとに働きかけたのでしょうか。キリスト存在を世に知らしめるために初めて本質的な役割を演じた使徒パウロの生き方は、教えに依存していたでしょうか。福音書に述べられている事柄によって、彼はサウロからパウロになったのでしょうか。彼はイエス・キリストの信奉者たちを迫害したのですが、十字架上の死を遂げた存在が雲の中から彼に姿を現したのです。そしてパウロは、キリストが生きている、という個人的な神秘体験をもちました。キリストの死がパウロを衝き動かす力になったのです。そしてこのことが大切なのです。

他の宗教組織がその教えによって働きかけるとき、その教えはキリスト教の教えと同じです。しかしキリストにおいては、教えではなく、行為の結果が問題なのです。その行為は、人間がそれを自分に作用させようと決心するとき、言いかえれば、その行為が人間の自我の絶対に自由な個的生活と結びつくとき、どんな人間に対しても同じ働きかけをするのです。

キリストは人間のアストラル体の中に存在するだけではありません。キリストを本当に理解しようとするのなら、自分の自我の中にそれを見出そうとするのでなければなりません。人間の自我がキリストを受け入れようと、自主的に決心しなければなりません。このことが大切なのです。このことによって、キリストと結びついた自我は、単なる教えではなく、神的な力というひとつの現実の働きを自分の中に受け取るのです。

キリストの教えのすべては、他の諸宗教の中に見出せます。しかしそのこのことは何百回でも繰り返して指摘できます。しかしそのことが問題なのではなく、キリストの行為の本質は、高次の世界へ参入しようとするすべての人のための行為であることにあります。

キリストの力を自分から進んで受け取ろうとするなら、誰でもそのキリストの力を受け取ることができるのです。自分から進んで受け取ろうとしない人は、それを受け取ることができません。しかしそうすることが人間に可能となったのは、地球紀において人間が地上の人間になるように定められたことの結果なのです。

ルツィフェルとなってこの地上にやってきた「堕ちた天使たち」は、本来、月紀において人間になるべき存在でした。けれども進化の過程で取り残されてしまい、地球紀になっても人間のアストラル体の中へは入り込むことができても、まだ自我に働きかけることができずにいます。ルツィフェルたちの置かれたこの特殊な事情を、やや杓子定規なやり方ですが、右のような図に表わすことができます。人間のエーテル体と肉体は省いて、レムリア期の人間のアストラル体がこの円だとしますと、自我がそのアストラル体のなかに、取り込まれました。

自我がアストラル体の中に入り込んだとき、そこに何が生じたのでしょうか。レムリア期にルツィフェルが人間のアストラル体の中に入り込み、低次の情熱をそのいたるところに浸透させ、人間を誤謬と悪とに陥らせるように働きかけたのです。そうでなかったとしたら、人間は決して誤謬と悪の可能性をもつことはなく、自我を受けたときも、妨害する諸影響から離れていたでしょう。しかしそうならなかったので、ルツィフェルのこの影響はその後も持続し、人間があまりにも深く堕落せざるを得なかったときにのみ、偉大な指導者たちの手で守られたのです。

今、キリストが地上に出現しました。もちろん、キリストの働きは始まったばかりですので、可能性だけを問題にしているのですが、誰かの自我が自発的にキリストの力を自分の中に作用させ、キリストを本当に自我に浸透させることができたとすれば、キリストの力は、その人のアストラル体の中にまで影響を及ぼすでしょう。キリストの力が光となって、内部からそのアストラル体の中に射し込むでしょう。以前はルツィフェルがその働きを人間のアストラル体の中に流し込みました。未来においては、キリストの助けを受けて、ルツィフェルに由来するすべての特質が消え去るでしょう。そうできたとき、人間は、ルツィフェルをも自分と共に救済するのです。

ルツィフェルの救済

月紀において人間を自由な存在にするために、一定の低次段階にまで沈まなければならなかったルツィフェルが、人間を通して地上においてもキリストの力を体験し、そしてそれを通して解放される時代がやがて来ることでしょう。ルツィフェルたちは、地上では、自分だけの力でキリストを体験することができませんでした。人間がキリストの力をふさわしい仕方で受け入れたとき、このルツィフェルも使命を達成して、解放されるでしょう。そして人間自身もそれによって、力強く生きるようになるのです。

どうぞ、考えてみてください。もし人間がルツィフェルの影響を受けなかったとすれば、キリストの力がどんなに光輝いても、それがルツィフェルの影響を受けたアストラル体に働きかけることはなかったでしょう。人間は、ルツィフェルの力に打ち克つことによってのみ、善と真と叡智を獲得できるのです。

このように、私たち人間は、ヒエラルキアの一員ではあっても、他のヒエラルキア存在とは区別されます。人間はセラフィームから一部の天使に到るすべてのヒエラルキア存在とは違うのです。人間は、行動の衝動を促してくれるものを、自分の存在の内奥に求めようとします。キリストは自分の衝動が無条件的に受け入れられるように、人間に働きかける神なのではなく、人間がそれを理解し、自由な状態でそれを受け入れるときにのみ、その衝動を作用させる神なのです。ですから、人間の自我を自由に個別的に発達させようとします。それを特定の方向に追いやろうとはしません。キリストは言います。「真理を認識しなさい。そうすれば、真理はあなたを自由な存在にしてくれる」

この声が人間に聴きとどけられたとき、人間の次に高次のヒエラルキア存在である、悪への可能性をもったルツィフェルたちは、その人間の働きによって救済され、解放されるのです。

宇宙の進化は、決して単純な繰り返しをするのではありません。新しい何かがそのつど生じるのです。実際、私たちが今体験している人間性を、天使も、大天使も、人格霊ももっていませんでした。人間はまったく新しい使命を、宇宙の中で果たさなければなりません。私たちはその使命について述べてきたのです。

私たち人間はこの使命を達成するために、地上に降りてきました。その人間に対して、キリストが自由なる助け人として、この世に現れたのです。上から働きかける神としてではなく、多くの人びとの中の最初に生まれた人としてです。

自由と愛

このようにして、ヒエラルキアの中での人間の意味が理解できます。偉大で壮麗なヒエラルキアの存在を見上げるとき、私たちは次のように言うことができます。「高次の存在たちは、道を踏み誤ることが決してありえない。それほどに偉大で、賢明で、善良である。けれども人間は、世界に自由をもたらし、自由と共に愛をも世界にもたらすという、偉大な使命を背負っている」

自由がなければ、愛の行為が崇高な在り方を示すことはできません。無条件的に衝動に従わねばならない存在は、まさにそれに従って生きています。勝手なことを行なうことのできる存在にとって、従わねばならぬ衝動はただ愛だけなのです。自由と愛は、互いに結び合うことのできる両極です。私たちの宇宙の中で愛が成就すべきであるなら、それは自由を通してのみ、すなわちルツィフェルを通してのみ可能なのです。そして同時にまた、人間の救済者であり、ルツィフェルの克服者でもあるキリストを通してのみ、可能なのです。

実際、地球は愛と自由の宇宙《コスモス》です。その意味で大切なのは、私たちが素直な気持ちで、西洋エソテリズムが常に取り上げてきたヒエラルキアを学ぶことです。セラフィーム、ケルビーム、トローネは根源の宇宙叡智に直接従います。叡智霊、運動霊、形態霊は、その高次の力と結びついて、人間が進化の過程を辿れるように配慮します。大天使と人格霊も、そして天使もまた、自分から誤謬を犯すこともなく、自由意志から悪の中に沈むこともないのです。人間のすぐ上に位置するヒエラルキアの霊たちが、使者と呼ばれ、大使者と呼ばれたのは、この霊たちが、自分自身の課題ではなく、自分より上位に存する霊たちの課題を遂行するのを暗示するためでした。

しかし人間は、自分自身の課題を果たすことで、ヒエラルキア存在にまで進化するでしょう。今はまだ未熟でも、木星紀、金星紀、ヴルカン星紀を通して、人間は自分自身の衝動を実行することで、成熟を遂げていくでしょう。

それでは一体、ヒエラルキアとはどのような存在なのでしょうか。

私たちはセラフィーム、ケルビーム、トローネの第一ヒエラルキアから始めました。第二ヒエラルキアの叡智霊は、神々の衝動を受けて、支配力を行使する存在です。運動霊は、力を上から受け取り、その力を行使します。形態霊も同様です。彼らが悪の存在になった場合は、神の意志でそうなったのです。第三ヒエラルキアの人格霊、大天使、天使に到りますと、直接人間の傍らにまで降りてきます。

人間をヒエラルキアの中に位置づけるとすれば、その人間をどう語るべきでしょうか。大天使と天使のあとに位置づけられる「自由の霊」であり、「愛の霊」である、と語ることができます。上から数えて十番目のヒエラルキア存在である人間は、もちろん、これからも進化を遂げていかなければなりませんが、霊界のヒエラルキアに属することは確かなのです。

宇宙においては、繰り返しが大切なのではありません。時代が移り変わるごとに、新しい事情が宇宙進化に組み込まれること、絶えず新しさがつけ加えられることが大切なのです。そして、それが人間というヒエラルキア存在にとっての大切な使命なのです。

終わりに

以上、私たちは宇宙的関連のもとに、人間存在の意味を考察してまいりました。私たちは霊的な観点から、人間存在の意味を問いつづけてきました。そして宇宙の中の点にすぎない人間存在の意味を、秘儀の教えに従って、その周辺から解明しようとしました。そして、そうすることで、私たちの認識は、真の現実と結びつきます。

真の霊的認識は、現実的でなければなりません。私たちは、宇宙の中心に立っています。私たちの周囲のすべては、私たちの「謎」を解き明かしてはくれません。しかし周囲からすべてが一点に集まってきます。そしてすべてが一点に収斂したとき、周囲が宇宙の謎を解決してくれるのです。物質は収縮していき、中心点において消失し、そして周囲からふたたび現れます。これが現実なのです。私たちの認識は、宇宙全体の構造とその経過とを示すときにのみ、現実的であると言えるのです。そのときの認識は、もはや単なる思弁ではなく、宇宙から生み出された認識なのです。そのとき初めて、根源の宇宙叡智が私たちにとっての生活理想になるのです。

叡智は、宇宙の周辺から生まれます。そして私たちの方へ降りてきて、私たち自身の使命と、私たち自身の理想と、私たちの身近な人間関係とのために、その強い力で私たちを満たしてくれるのでなければならないのです。

付録1　ヒエラルキアについて（その一）

一九〇五年一〇月一日、ベルリンでの秘教講義より

今日は、人間も含めた諸存在の位階について話そうと思います。私たち人間は進化を遂げて現在に到りました。決して常に現在のようであったわけではありません。これまでも進化の諸段階を経過し、これからも諸段階を辿って進化していくでしょう。けれども、子どもの隣に老人がいるように、現在の人間の隣にも他の進化段階を辿る存在たちがいます。今日は、そのような進化の諸段階を七つに分けて述べようと思います。そのためには、受容する存在と創造する存在とを区別する必要があります。

たとえば赤や緑の色を眼で見るときの私たちは、受容する存在です。私たちが色を知覚するためには、あらかじめ色が創造されていなければなりません。ですから、赤や緑の色を創り出した存在が、私たちのそばにいるはずです。そのような意味での諸存在の位階を考えるのです。

感覚の前に現れるすべてを受容するには、私たちの魂がそこに働いていなければなりません。

しかしそのすべてが私たちの前に提示されるには、向こうから働きかけてくる、啓示を与える側の存在たちがいなければなりません。それは、神もしくはデーヴァ*の性格をもった存在たちです。逆に、ひたすら受容する存在たちがいるとしたら、それは四大存在たちです。四大存在（火の精、風の精、水の精、地の精）は、受容するだけの存在たちです。

外界を創造する叡智は、人間の魂によって受容されます。その叡智は、光の中に生き、すべての感覚的知覚内容の中でみずからを開示します。開示される叡智の背後には、叡智を開示しようとする意志をもった存在がいます。

人間は、そのような意志をもった神的存在と、もっぱら受容する側の四大存在との中間にいます。一方で、たとえば感覚的な印象に関しては、人間は受容する存在です。しかし思考に関しては、創造する存在です。もしも人間が自分の受容した知覚内容を思考内容に造り変えなければ、知覚だけでは何も始まりません。ですから人間は、一方で受容し、他方では創造する存在なのです。これは重要な区別です。人間が、思考内容を創造するのと同じように、音や色などの知覚内容をも創造できたとしたら、どんなことになるでしょうか。どうぞ想像してみてください。現在の人間は、思考においてのみ創造的なのです。思考の素材となる感覚的知覚内容は、受容するしかありません。感覚的知覚内容は、私たちの周囲に創造的な存在がいなければ生じえません。

人間は、進化の発端においては、自分自身の存在を、自分の生体を、自分で創造しました。今の人間が自分の生体をもとうとすれば、そのために別の存在たちが必要になります。今の人間は、外から規定された身体の中に受肉しなければなりません。この点では、知覚と思考の分野におけるよりもはるかに、人間は四大存在に近いのです。

人間が音や色などの感覚的知覚内容だけでなく、自分自身の身体をも創り出すことができたとしたら、どんなことになるでしょうか。しかし、レムリア期以前の人間は、そのような存在だったのです。当時の人間は、「純粋な」存在だったのです。人間が不純になったのは、自分の存在全体を自分で生み出さずに、別の成分を自分の存在の中に組み込んだからです。この純粋な人間は、アダム・カドモン（天上のアダム）と呼ばれました。聖書に出てくる最初の人間は、この純粋な人間のことです。この純粋な人間は、カーマ（愛欲を意味する言葉。神智学用語ではアストラル素材のこと）をもっていませんでした。人間が別の成分を自分の中に組み込んだのちに、欲望が生じました。こうして人類の第二段階、カーマルーパ的（ルーパは形、仏教でいう色《しき》のこと）人間が生じました。今日の高等動物はこのような人間に属しています。温血なしには、どんな存在も独立したカーマルーパをもつことができません。温血のない動物は、他の存在に支配されています。すべての温血動物は、人間から生じたのです。

ですから、まずはじめに「純粋な人間」がいました。この人間はレムリア時代まで超感覚的な在り方をし、そしてこの人間の身体は、すべて自分自身から生み出されたのです。

現在の冷血動物と植物は、温血動物とは異なる仕方で進化しました。今存在しているものたちは、巨大な存在たちの生き残りです。自分のカーマを満足させるために、「純粋な人間」のかつての超感覚的な身体から派生してきたのが、現在の動物たちなのです。はじめ「純粋な人間」は、地上での身体をもっていませんでした。地上の上方を漂っていましたが、やがてこの巨大な存在たち（動物）の中のもっとも優れたものの中に、受肉するようになりました。そしてその存在たちの中に、自分のカーマを持ち込みました。これらの存在の或る部分は、さらなる進化を遂げ、アトランティス人になり、そして現在の人間になりました。しかしこれらの存在のすべてが環境に適応して進化したのではありません。或る存在たちは下等な脊椎動物になりました。たとえばカンガルーは人間になりそこなった動物です。

こうして人間は、カーマを動物形姿の中に持ち込みました。カーマは本来、現在の人間形姿の中にはじめて現れたのです。特に心臓と血液、血液循環の中にです。試行錯誤が繰り返され、人間は一段一段上昇していきました。試みの失敗した例が、なまけもの、カンガルー、肉食獣、猿類、擬猴類に見られます。これらの動物はみな、進化の過程で取り残されたのです。温血動物は、人間のカーマ形成の失敗例です。人間はこれらの動物のカーマを自分の中にも生かすことができたでしょうが、そういうカーマを動物たちに押しつけたままにしておいたのです。

ひとつの重要なオカルト法則は、どんな特性も対立する二つの極をもっている、ということです。電気の陽極と陰極、熱さと寒さ、昼と夜、光と闇と同じく、カーマの特性も、二つの対立する側面をもっています。人間は自分の狂暴な怒りを獅子の中に押しつけましたが、同じ怒りは、高貴化されると、高次の自分へ駆り立てる力にもなるのです。熱情は否定されるべきではなく、浄化されるべきなのです。否定的な極は、高次の段階へ導かれねばなりません。熱情のこの浄化、この高貴化は、ピタゴラス派では、カタルシス（浄化）と呼ばれました。

はじめ人間は、自分の中に、獅子の狂暴さと狐のずる賢さをもっていましたが、その狂暴さが人間を完全に支配してしまわないように、獅子にそれをいわば押しつけ、ずる賢さを狐に押しつけてしまいました。だから温血動物の世界は、カーマの諸特性の絵巻物となってしまったのです。

ヴェーダの言葉、「それは汝なり」は、不特定の一般的命題だと思われていますが、特定の場合に用いられるべき言葉なのです。たとえば私たちに獅子を見て、「それは汝なり」と自分に言い聞かせるべきなのです。このように、温血動物の中に人間のカーマルーパが生きています。それ以前は、「純粋な人間」、アダム・カドモンだけが存在していました。

自然哲学者オーケンは十九世紀前半期にイエナ大学の教授でしたが、こういう考え方をよく知っており、人びとの注意をこのことに向けさせるために、グロテスクな発言をしたことがあります。人間が自分を冷血動物から切り離すようになる遙か以前の人間段階についての発言です。オーケンはイカを人間の舌と同じだと言いました。人間の舌とイカとの類似性を考えるのは、オカルト的に大切なことなのです。

さて、別の存在たちが今、いわば副産物として生み出されはじめます。人間は狐のずる賢さの代わりに、その反極を育てようとします。狐のずる賢さの中で、別なものの萌芽も形成されはじめます。それは、或る対象の黒い影が外から差してくる光によって薄明るくなるのに似ています。私たち人間は自分の内部のずる賢さを狐の中に押しつけましたが、その狐に周囲から霊の働きが加わってきます。こうして周囲からカーマの中に働きかけてくるのは、四大存在たちなのです。狐が人間から受けたものは狐の動物性ですが、霊の働きで外から狐に結びつくものは、狐の四大存在なのです。狐は、一方では人間性の働きを通して、他方では四大存在の働きを通して現れました。

ですから、(1)四大存在、(2)カーマルーパ的人間、(3)純粋な人間、(4)純粋な人間からさらに先へ進み、外界にあるものを受容して、創造的に働く人間、の四つの段階が区別できます。第四の人間は、地球上にあるすべてと出会い、それを受容し、それに従って人生のための計画、指針を見出だそうとします。かつての第三の人間は完全でした。人間はいつかまたそうなるでしょう。しかし、かつての人間とこれからなるべき人間との間には、大きな違いがあります。外界にあるものが、将来は人間自身の内的な所有物になっていることでしょう。地上で人間によって獲得されたものが、将来は、創造的に活動する能力に変わるのです。そのとき、外にあるものが人間の内なるものに変わります。

地上での経験のすべてを内なる所有物にして、地上のあらゆる事物の性質を知り、こうして「創造主」になった存在は、「菩薩」と呼ばれます。それはボーディ、つまり地上での覚りを十分に体得した人間のことです。この人間は、内奥の衝動から働けば、それだけで十分なほどにまで円熟しています。地上の賢者たちは、まだ菩薩ではありません。賢者には、まだ勝手の分からない地上の事柄がまだいくらでもあります。地上のことをすべて知りつくして、創造できるようになった人が菩薩なのです。たとえば、仏陀、ツァラトゥーストラは菩薩でした。

人間がさらに進化を遂げて、地上での創造主であるだけでなく、地球を超える力をもつようになると、この高次の力を駆使して、さらに地上で自由に働くことができ、外の宇宙から何かを地上にもたらすことができます。

人間が地上に受肉するようになる以前の、レムリア期最後の三分の一の時代に、そのようなことが起こりました。

当時の人間は、肉体とエーテル体とアストラル体を発達させていました。人間のこの三つの体は、それまでの地球進化の過程で獲得できたのですが、それ以上の能力であるカーマとマナス（マナスは仏教の意（識）ではなく、神智学では霊もしくは「霊我」のこと）は、地上には存在していませんでした。地上の進化の連鎖の中には組み込まれていなかったのです。

新しい衝動であるカーマは、火星上に見出されました。はじめて人間が地上に受肉するようになった時代の少し前に、この衝動が火星からもたらされました。第二の新しい衝動であるマナスは、アトランティス期の第五人類期である原セム人の時代に、水星からもたらされました。これらの新しい衝動は、菩薩よりもさらに高次の存在であるニルマーナカーヤ（応身）たちによって、火星と水星から地球にもたらされたのです。このニルマーナカーヤは、菩薩よりも一段高いところにいます。菩薩は持続する進化の過程を制御できますが、地球外の宇宙から異質のものを持ち込むことはできません。それができるのは、ニルマーナカーヤたちだけです。

ニルマーナカーヤよりもさらに高次の存在が、ピトリ（父）たちです。ニルマーナカーヤは宇宙的な衝動を地上の進化の中に持ち込むことができますが、みずからの実体を供犠に捧げて、次の惑星紀のための新しい周期を用意することはできません。これができるのは、月紀に人間段階の進化を終えて、今地上で働くようになった「父《ピトリ》」たちだけです。父たちが地球紀の進化を可能にしたのです。人間は、すべての段階を通過したなら、父となることができます。父よりもさらに一段高次の存在が、本来の神々です。私たちは神々については、何も性格づけることができません。ただそう名づけることができるだけです。

こうして存在たちは、七つの段階に区分できます。第一に神々、第二に父たち、第三にニルマーナカーヤたち、第四に菩薩たち、第五に純粋な人間たち、第六に人間たち、第七に四大存在たちです。以上はヘレーナ・ペトロヴナ・ブラヴァツキーの述べた位階です。

最後に、人間をカーマルーパ的な存在にしている身体器官について触れておこうと思います。心臓並びに身体を循環する血管、血液についてです。心臓は肉体部分とエーテル体部分とアストラル体部分とをもっています。アリストテレスは、エーテル人間に注目して、心臓や血液のエーテル体部分について語っています。エーテル心臓は十二弁の蓮華と結びついています。身体器官のすべてがアストラル体部分をもっているわけではなく、たとえば胆汁は物質的、エーテル的ですが、アストラル体をもっていません。

（出典『秘教の基本要素』*Grundelemente des Esoterik*）

〔訳注〕

＊デーヴァ＝ヴェーダ以来のインドの「神」、仏教の「天」のこと。

付録2　ヒエラルキアについて（その二）

一九〇五年一〇月八日、ベルリンでの秘教講義より

今日は他の講義の合間に、他の講義の多くの問題に光を当てることのできるような、特別の内容を取り上げようと思います。デーヴァたち（神々）の本性とその働きについてです。

神々、つまりデーヴァたちについて語ることは、現代においては非常に困難です。なぜなら、神々を信じる信仰深い人でさえ、神的存在たちを生きいきとイメージできずにいるからです。神々、つまり人間よりも高次の存在たちとの生きいきした関係は、唯物論の時代の進む中で消えてしまいました。十五、六世紀から現代に到るまでの間に、神々とのこの生きた関連が消えてしまったのです。ダーウィン主義的、唯物論的な立場か、多少なりとも宗教的に神々について語るかは、あまり大きな違いではありません。むしろ大切なのは、私たちが低次の存在段階から進化してきたこと、これからもより高い段階へ昇っていくであろうことを、生きいきと意識することなのです。私たちは自分の下にいるすべての存在や自分の上にいるすべての存在に

対して、身近な感情をもたなければなりません。

神々についての教えは、使徒パウロの弟子、ディオニュシウス・アレオパギタによってはじめて体系化され、その教えは、六世紀になってから、文書に記されました。ですから学者たちは、ディオニュシウス・アレオパギタを歴史上の人物とは見なさず、「偽ディオニュシウス文書」という言い方をして、六世紀に誰かが古い伝承をまとめて書物にしたのだろう、と考えています。本当のことは、アカシャ年代記（エーテル界に刻印された記憶の痕跡）を読むことでしか確かめられませんが、アカシャ年代記によれば、ディオニュシウスは実際にアテネに住んでおり、パウロから秘儀を伝授され、高次の霊的存在たちについての教えを特定の選ばれた人たちに伝授することをパウロから委託されたのです。当時、秘密の教えは決して書き記されず、口伝によって受け継がれました。神々についての教えも、そのようにしてディオニュシウスから弟子たちに伝えられ、弟子たちによってさらに伝えられていきました。直系の弟子たちは意識して代々同じディオニュジウスの名を名乗りつづけました。そして最後のディオニュシウスが、神々についての教えを書き記したのです。

ディオニュシウスの伝えた神々についての教えでは、神的存在たちが三×三の九つの位階に分けられています。

最高の段階にある三つの位階は、セラフィーム、ケルビーム、トローネ、

次の三つの位階は、支配、力動、権能、

第三の三つの位階は、根源または原初、大天使、天使です。
聖書にはしばしば「太初に」という言葉が出てきますが、それは第三の位階の根源または原初を指しています。「太初に神は天と地を造った」は、「原初」の位階の神が天と地を造った、ということです。天地を創造したのは、第三ヒエラルキアの「原初」に属する神だったのです。セラフィームの上に立つ神的存在たちは、あまりに崇高であり、人間の把握能力では、到底理解が及びません。

第三のヒエラルキアには、第四のヒエラルキアが続きます。第四ヒエラルキアの人間は、神々の位階の第十番目に位置しています。

「ヒエラルキア」の各名称は、固有名詞ではなく、大宇宙のそれぞれの意識段階に対する名称です。存在たちは、或る段階から別の段階へとヒエラルキアを移動します。エリファス・レヴィはそのことを洞察して、これらの名称の場合は等級を示している、と強調しています。

神々についての教えをまとめたディオニュシウスは、この『天上位階論』と並んで、『教会位階論』では教会組織の原則をも論じています。教会のヒエラルキアは、霊界のヒエラルキアの外的な模像でなければならない、というのです。この偉大な考え方を実行に移すには、霊界を正しく理解するまでに時代が成熟しなければならないでしょう。ディオニュシウスは、こういう教会についての教えを弟子たちに遺しました。この教えが実行に移されたならば、教会はこの上なく見事な組織を示したことでしょう。

当時の人は、教えの糸が断ち切られないように、教師から教師へと教えを伝えつづけました。し、ディオニュシウスという名も受け継がれていきましたから、六世紀になってディオニュシウスなる人物が教えを書き記したというのは、不思議なことではありません。ディオニュシウスの教えは、あまり受け容れられませんでした。人びとの考えはまだそこまで成熟していなかったのです。ですからこの教えは、今でも一種の遺言のように読むことができます。

昔に遡れば遡るほど、人びとは人間の上に立つ存在たちについて、生きいきとした考え方をしていました。

しかし今、平均的な文化を身につけた普通の現代人は、どのようにして神々に出会うことができるのでしょうか。その手がかりとなる考え方を述べてみますと、人は死後、まずカーマロ一カを通過する、ということを考えてみなければなりません。カーマロ一カというのは、死後の或る状態のことですが、死者はこの状態の下で次第に地上生活の習慣を脱して、欲望からも自由になるのです。カーマロ一カに留まるのは、死後の最初の一時期にすぎませんが、そのときの体験は、時にはおそろしい、ぞっとするようなものになります。次いで死者は、地上の世界とのより内面的な関連からも自分を引き離すべく、高次のカーマロ一カ段階を通過します。

この高次のカーマローカ期における死者の活動は、死者当人にとって重要であるだけでなく、人間以外の存在たちにとっても重要なのです。カーマローカを去った死者は、次にデーヴァ界に移ります。ここでの死者は、これまでに獲得した能力で、次なる転生のために新しいエーテル体を造り上げる用意をします。

デーヴァ界のアルーパ（無色）界では、物質界で為し遂げた事柄をすべて捨てなければなりません。ですから古代ギリシアの祭司たちは、秘教において、魂を蜜蜂に、アルーパ界を巣箱に、物質界を花畑にたとえました。

しかし人間は、この高次の領域の中で何もしないわけではありません。カーマローカと低次のデーヴァ界を通過する間は、以前に始めた事柄を成熟させること以外は何もしないように見えるかもしれません。けれども、そのときも活動を続けています。そして人間がこれらの状態で活動することは、全宇宙にとっても重要なことなのです。

人間が新たにこの世に生まれてくるとき、新しい人生は、以前の人生と本質的に異なった体験をもたらします。通常、この世の状況が変化して、完全に新しいことを行なえるような状況にあるとき、人はこの世に戻ってきます。この状況は、宇宙的な期間としては、春分の日の太陽が或る星座から次の星座へ移行したときに可能になります。たとえば紀元前八〇〇年頃に春の太陽は牡羊座に移り、そこに紀元一四〇〇年頃まで留まりました。現在の太陽は、春分の日には、魚座に位置しています。二六〇〇年経過すると、或る星座から次の星座へ移ります。この二六〇〇年の間に、地上の状況は根本的に変化します。転生する時期は、この期間と関連しています。この期間に人間は通常、一度は男として、一度は女として生まれ変わります。一度だけの人生での人間は、本来、半人間でしかありません。男としての人生と女としての人生とは、互いに補完し合っています。この世のまったく異なる物質環境を生きるだけでも、人生は無駄になりません。たとえば、ホメロスの時代に生きる人（牡羊座の時代、イアソン、*金羊毛）と現代を生きる人とは、まったく違った経験をすることでしょう。

表面的に考えると、このように転生の時期を考えることは、まったく機械的な考え方であるように思えますが、人間の内面において生じることで、機械的なことなど存在しません。私たちはいつでも、霊的問題を具体的に考え、現実に生じる事柄を知ろうとしているだけです。

ヨーロッパの植物相、動物相について言えば、私たちの時代には、三つの地域が区別できます。西部と中部と東部です。東部地帯はスラヴ民族と結びつき、中部地帯はゲルマン民族と、西部地帯はラテン民族と結びついています。唯物論者は、人間は状況に適応する、と思っていますが、そうではありません。諸民族は物質的な環境を自分で創り出しているのです。民族霊は、まずはじめに土地に働きかけ、その土地の植物、動物に働きかけます。西ヨーロッパの土地は、ラテン諸民族の民族霊によって準備され、中部ヨーロッパの土地はゲルマン諸民族の民族霊によって準備され、東ヨーロッパの土地はスラヴ諸民族の民族霊によって準備されました。人びとはまず家を建て、それからその中に移り住むのです。人間が地上の環境に移り住むときにも、同じことが言えます。地上で人間自身の手で用意されるすべての運命と同じように、この場合にも自分の手で用意されたところへ移り住むのです。

実際、人間は、カーマローカ期に、動物界のために働いています。「種の変化」のために働くのです。進化論者は、そのときの働きを、「適応能力」と呼んでいますが、動物のすべての適応行為には、霊界における死者たちの働きが隠されているのです。動物界における形質変換も、動物の本能の変化も、次なる転生の準備をしているカーマローカ期の死者の働きによって生じるのです。そして同時にこのことは、人間の次なる転生に必要な自分の家作りでもあるのです。カーマローカ期に動物界のために働き、デーヴァ界では植物界のために働きます。植物界に生じる変化は、デーヴァ界での人間の働きの結果です。そして物質界という地上の自然環境そのものは、高次のデーヴァ界（無色界）に影響されるのです。

高次のデーヴァ界での人間は、地球の岩石界、鉱物界のための協力者です。ふさわしい場所においてこのような観察を行なうには、オカルト的な能力がなければなりませんが、特に地中深くで働く鉱員たちがそのような観察を行なうのは、偶然ではありません。ノヴァーリスがオカルト的な知識をもっていたのは、彼が鉱山技師であったことと関係があります。

超感覚的な分野での人間（死者）は、こういう能力を発揮しているのですが、まだ明晰な意識をもってそうしているわけではありません。その能力は、高次の存在たち、デーヴァたちに導かれているのです。

人はデーヴァの位階をいろいろ区別し、アストラル神、ルーパ・メンタル神（低次デーヴァ界の神）、アルーパ・メンタル神（高次のデーヴァ界の神）と呼んでいます。アストラル神の基本の体はアストラル体です。私たち人間は、基本の体として、肉体をもっています。アストラル神は、人間と同じように、七つの存在部分をもっていますが、その第七の存在部分は、人間の最高の存在部分であるアートマ（霊人）よりもさらに高次の在り方をしています。

デーヴァたちも人間も、同じ存在原理に従って生き、高次の段階へ進化するときは、それまでの低次の段階を意識して支配する力を獲得します。現在の物質界での人間は、もっぱら鉱物界だけを支配する力を意識しています。人間は鉱物界でなら、意識して自分で何かを創り出すことができます。しかし植物や動物を創り出すことは、まだできません。鉱物の構造はよく分かっていますが、植物を意識して創り出せるようになるのは、次の第五周期になってから、動物は第六周期になってからです。そして最後に、第七周期になってから、自分自身をも意識して創り出せるようになります。

デーヴァと呼ばれる存在たちは、第七周期の人間よりもはるかに多くの能力をもち、自分より下の世界の諸領域を使用することができます。一定の目的のために、しばらくの間、自分より下の諸領域で生きるのに必要な体を任意に創り出すことができます。ですから、必要なときには、アストラル神は、一定の期間、人間の肉体の中に受肉できるのです。

デーヴァたちの働きについては、ごく限られたイメージしかもつことができませんが、次のことは言うことができます。人間はある程度まで自由に働くことができますが、他と協調して共同で働くことは苦手です。人間のさまざまな能力は、調和的に秩序づけられなければなりません。人間の行為を世界に役立たせるために、全体としての効果を生じさせるのがデーヴァたちの働きです。デーヴァたちは、集合的なカルマを統御しています。人びとがなんらかの共同目的のために結集する瞬間に、共同のカルマが生じて、人びとを結び合わせ、共同のカルマの糸を紡ぎはじめます。

ロシアには、深い宗教性を内に秘めたドゥホボル派（霊のための闘士たち）という異端の一派がありました。素朴ながら、非常に美しい形の神智学教義をもっていました。この人びとはひどい迫害を受けてきましたから、表面的にはもはや眼に見える影響力をもっていません。唯物論者たちは言うでしょう。彼らがどんな目的をもっていたにせよ、その影響力はすでに失われてしまった、と。

しかしドゥホボル派の人びとはすべて、生まれ変わってきたとき、共同の絆で結ばれ、かつて身につけた教えを後世の人類の中に注ぎ込むのです。人びとの出会いは、内的な人と人との絆は、転生を通して消えることなく人類に働きかけつづけます。人が一度体得した理念は、世界の中へ流れていきます。その理念はより深められて、後世の人びとに受け継がれていくのです。

中世にはマニ教の影響が根強く残りました。マニ教徒は、人類の未来に善悪二派の対立が生じるであろう、と認識しました。神智学の用語で言えば、第五周期には、もはや鉱物界は存在しなくなり、その代わりに「悪の領界」とでも言えるものが生じるであろうと言うのです。マニ教徒たちはこのことを知っていましたので、すでに今から人びとを教育して、後世において悪しき人類の教育者になりうる人びとを用意しようとしました。マニ教の中では、その時その時に偉大な深まりが繰り返されました。

個人の意志の働く背後には、その意志を全体意志にまとめようとする力が働いており、その働きを通して、集合的カルマが生じます。

薔薇十字会においても、人間集団に働きかける霊的存在のことが語られました。肉体は個人だけのものですが、アストラル体はすでにグループに属しています。私たちのアストラル体の一部分は、集合魂として働いているのです。現在の人間にはできないことを、デーヴァが行なっています。デーヴァたちは、人間のアストラル体に今も働きかけています。現在の人間がエーテル体によって行なっている作業を、デーヴァたちはもっと強力に押し進めます。すでに述べたように、カーマローカ期の人間は動物界のために働いていますが、この働きはデーヴァたちに導かれています。そのようにして死者はデーヴァ界へ到るための道を辿ります。

デーヴァたちの中には、惑星の霊たちもいます。惑星の霊またはディヤン・チョーハン（本書第三講訳注参照）は、以前の惑星紀にすでに人間の階段を終えた存在たちです。ですから人間がはるか後になって達するであろう段階に、すでに達していたのです。人間が第六、第七周期（木星紀、金星紀）に達するであろう段階に立っています。惑星霊は、太陽系の進化のための創造行為を共にしています。

現在の人間は、物質界、アストラル界、デーヴァ界で存在しています。存在することはすべて活動することなのです。それでは現在の人間にとって、惑星霊はどんな活動をしているのでしょうか。惑星霊たちは、人間が今行なっている活動を、以前の段階で、以前の惑星紀で行なっていました。そしてその当時受容したものを、今は叡智として身につけています。ですから人類を次の惑星紀へ導く教師となることができます。地球の形成に関わったデーヴァたちは、まだ摂理を認識できず、より高次の段階の叡智霊だけがそれを認識できました。叡智霊の段階の上には、意志霊の段階、成就の段階が立っています。叡智霊（キュリオテテス）と意志霊（トローネ）は、惑星進化の本来の導き手です。

人間がまだアストラル存在であったレムリア期以前のデーヴァたちは、後に人間に生じるものをあらかじめ人間の中に組み込みました。レムリア期以前に、人間は、自分の環境についてのイメージを抱き、共感と反感の感情も生じました。デーヴァたちが人間の中に生じさせたのです。

当時の人間は、デーヴァたちに完全に支配されていましたが、次第に人間自身が自分で自分を統御するようになりました。デーヴァたちの支配に従う一分肢であった人間が、ある程度神から独立しました。現在でも、神から離れずにいる部分においては、デーヴァたちがまだ人間の中で働いています。デーヴァのチェラ（弟子）たちは、人間がレムリア期になる以前に暗いイメージとしてもっていた世界を、ふたたび自分の中に明るく甦らせます。欲望と情熱は、かつてはオーラの形で人間に向かってきました。その中には、デーヴァたちの思考内容が生きていました。しかしそのすべては、深い薄闇の意識の中でのことでした。

こうしたすべてが一度失われたあと、人間は外界を意識的に見ることを学ばなければなりませんでした。弟子の為すべきことは、このすべてをふたたび意識的に獲得することでした。完全に意識を保ちながらそうすべきなのです。これに反して、霊媒の場合は、太古の時代に退行しています。

物質界において活動する、ということが人間の創造行為の骨子であり、未来の進化期のための土台なのです。外界と関わり合うことによって、人間の中に能力が形成されますと、その能力は、人間自身が惑星霊となったあと、将来の惑星のための活動に役立てられます。

私たちの言語にも同じことが言えます。私たちが語る言葉は、現在岩石が地球紀の土台となっているように、将来の惑星の土台となるのです。或る分野で為される諸経験は、いつかは別の分野でも役に立ちます。かつて受容したものをふたたび外へ贈り返す行為には、どこか神的な性質が現れています。デーヴァたちは、以前に受容したものをふたたび贈り返すことによってデーヴァなのです。

太古の叡智は、以前に受容され、そして今ふたたび贈り返されます。ですから、神々が人びとの教師であったからこそ、今私たちに神智学という叡智が与えられているのです。

カルマは摂理であり、デーヴァはその摂理の執行者です。循環期の天使たちは、人びとの共同生活を支配する摂理を執行します。個人が共同体の中で本能的に行動するとき、デーヴァはその民族魂を導きます。デーヴァは本来民族魂なのです。民族魂というのは、決して抽象化された言葉ではなく、生きた霊なのです。

（出典『秘教の基本要素』*Grundelemente des Esoterik*）

［訳注］

＊アルゴナウト伝説の主人公。金羊毛を得るためにコルキス（現在のグルジア）に遠征。王女メディアを妻にする。

付録3　三位一体について

一九〇五年六月五日、ベルリンにて

すべての神秘学は、今日の私たちの世界を、「愛の宇宙」と言い表わします。「叡智の宇宙」が、この「愛の宇宙」に先行していました。このことの深い意味を考察してみましょう。

宇宙論的に見ると、月紀の進化が地球紀の進化に先立っていました。そのもっと以前は太陽紀であり、さらに以前は土星紀でした。人間は土星紀、太陽紀、月紀という三つの進化の相を通過してきました。私たちの地球は今まで三つの周期を通過してきたことになります。その中で地球は、最初の周期では土星進化を通過し、二番目の周期（太陽紀）に土星進化を繰り返し、三番目の周期（月紀）に土星進化と太陽進化を繰り返しました。各々の周期は、惑星が、非常に精妙な素材性である心的素材の中で発展することから始まります。地球は、第四周期、すなわち今日の地球紀を始めたとき、そのような素材の中にありました。地球紀はまずふたたび、先立つ三つの周期を繰り返しました。すなわちアルーパ状態において土星紀を、ルーパ状態において太陽紀を、そしてアストラル状態において月紀あるいは月の周期をです。

このように私たちの地球は、今日の物質的密度に達する以前に、かつてのアストラル状態をもう一度通過したのです。このアストラル状態を、「叡智の宇宙」と呼ぶこともできます。地球紀には、七つの人類期があります。ポラール人類期、ヒュペルボレイオス人類期、レムリア人類期、アトランティス人類期、そして私たちのアーリア人類期です。第六、第七人類期もやがてやってくるでしょう。それから、地球は、ふたたびアストラル状態に入っていくでしょう。この諸人類期は、地球上での物質進化の七つの周期を意味しています。

同様にかつてのアストラル期も、七つの相前後する進化の過程を辿りました。しかしここでは、人類期という言い方はできません。その当時生きていたものの形を、人類と呼ぶことができないからです。それは、まったく異なった形態をとっていました。神秘学の言葉では、この先行するアストラル期を、「叡智の王国」と名づけ、その諸形態を、七人の叡智の王たち、ソロモン王家の七人の王たちが支配した、「叡智の七つの周期」と呼びます。なぜなら、この七つの周期の各々に、ソロモンに受肉した魂と似た魂をもつ存在が生きていたからです。この「叡智の宇宙」は、本来の地球の宇宙である「愛の宇宙」にとって代わられました。

さて、私たちは、地球形成の間に何が生じたのか、よく知っていなければなりません。地球が形成されはじめたとき、太陽も今日の月も一体となっていました。この二つの天体と地球は一つに結びついていたのです。

まず太陽が地球から分離しました。そしてそのことにより、地球上の全生命が異なったものになりました。以前、死は存在していませんでしたが、今や死が生じました。細胞から構成された植物の形態におけるような死が、今や生じたのです。植物が単一の細胞から成り立つものである限り、次のものが生じるときに、崩壊は生じません。しかし、一つの有機体が全体として構成されているときは、事情が異なります。この有機体は、部分に分かれ、個々の部分は、もはや生命全体ではありません。太陽が地球から離れたとき、死が初めて生じました。月が分離したレムリア人類期の中頃、性の分離が生じました。月の分離は、両性具有存在を、男の部分と、女の部分とに分けました。人間は、現在あるような形姿をもつに到りました。

最初に太陽が、次に月が分離したこの宇宙的に重要な二つの出来事の間に、何が起こったのでしょうか。それを明確にするために、次のことを考えてみましょう。当時、地球は非常に希薄ではありますが、物質的な存在だったのです。それが次第により濃縮していきました。地球上で人間がもった最初の物質は、エーテル物質でした。今のガスよりもっと精妙な存在でした。

現在、地球上では、三つの物体が区別されています。固体、液体、そして、以前は「空気」と呼ばれていたガス体です。神秘学では、さらにエーテル状態を四つに分けています。第一は熱エーテルで、これは物体が熱で浸透されるように作用します。二番目は光エーテルで、三番目は化学エーテルです。これは、原子が決まった数の法則に従って混ざり合うように作用します。つまり原子の親和力です。四番目は自然エーテルあるいは生命エーテルです。この四つのエーテル状態が地球を生かしているのです。地球ははじめ、この諸エーテル状態の中で進化を遂げました。それから地球は、このエーテルよりも一層濃縮していきました。この濃縮化は、レムリア期に初めて生じました。以前は、今日の物質的地球とはまったく異なる諸力をもったエーテル状の地球でした。

このエーテル状の地球には、さまざまな力が働いていました。植物も、動物も、人間もすべての存在が、その最も深い内面で、この諸力の働きを受けていました。エーテルは、神秘学の用語で「言語」あるいは「宇宙言語」と呼ばれているものの働きを受けているのです。私はエーテルと「言語」と言われるものとの関係を、秘儀参入の過程において、皆さんに明らかにすることができます。ご存じのように、人間は、肉体、エーテル体、アストラル体、そして本来の自我から成り立っています。エーテル体は、もし人が、「物質的な身体は存在していない」という暗示を自分自身に与え、それによって身体を透視することができたならば、眼に見えるようになるでしょう。しかし、今日の人間は、物質的な身体に直接作用を及ぼすことができません。最小の血球さえも動かすことができません。物質的な身体を支配しているのは、高みにある宇宙的な諸力なのです。人間も未来においては、そうすることができるでしょう。人間が、自分の物質的な身体の諸力を支配できるようになるなら、つまり唯物主義者が、自然の諸力と呼んでいるものを支配できるようになるなら、その時彼は神になったといえるでしょう。しかし今日の人間にこのことを認めたとしたら、人間を偶像として崇拝することになります。物質的な身体に影響を及ぼすことができるのは、高次の存在者たちだけなのです。

もし人間が、熱エーテル物質を支配できるなら、すべての物質をも支配できます。もし人間が、人間の肉体を支配できるなら、その他の物質界をも支配できます。この支配力を父の力、もしくは「父」と呼びます。人間におけるそのような父の諸力を「アートマ」と呼びます。ですから、アートマは物質に結びついている力なのです。

人間の第二の構成要素であるエーテル体は、「子」の原理、あるいはロゴス、言葉に対応しています。アートマが肉体に作用するように、エーテル体は「ブッディ」によって、内的に形作られ、「子」の原理によって振動の中に置かれるのです。

人間の第三の構成要素はアストラル体です。私たちはまだ、アストラル体を支配することができません。しかし、ほんの少数の人が、今日すでにアストラル体を支配する力をもっています。彼らは、内面からアストラル体を支配できる度合いに応じて、「マナス」をもった人と呼ばれます。

レムリア期の中頃に、人間はアストラル体に働きかけはじめました。レムリア期の始まる頃の、つまり両性具有の人間を考察すると、その身体が外側から造られていたことに気づきます。レムリア期の中頃から、人間は自分でアストラル体に働きかけはじめます。人間が自分の自我で働きかけるもの、義務や掟によって、むきだしの欲望や情熱を克服するために行なうことのすべては、アストラル体を高貴化するのに役立ちます。もしアストラル体が、自我の働きに完全に従っていたなら、もはやそれをアストラル体とは呼びません。それはマナスになっているのです。アストラル体が完全にマナスに変容したら、人間はエーテル体に働きかけて、エーテル体をブッディに変えはじめることができます。人間がそこで働きかけているのは、個体化された言葉に他なりません。それをキリスト教的神秘学では、「子」あるいは「ロゴス」と呼びます。アストラル体がマナスになると、それは「聖霊」と呼ばれます。そして、肉体がアートマになると、それは「父」と呼ばれます。

この場合に人間という小宇宙で生じることは、外なる大宇宙の中でも生じました。この宇宙の秘密は、秘儀参入のときに演じられました。つまり、人間においてははるか遠い未来において生じるであろうことが、演じられたのです。

エジプトの秘儀では、アストラル体を自我で完全に導くことができる者のみが、秘儀に参入できました。そのような人が秘儀の祭司の前に立ったのです。彼は、肉体への影響力はもっていませんでしたし、エーテル体への影響力ももっていませんでした。しかし、彼のアストラル体は彼が自分で創り上げたものでした。さて、このような秘儀参入者に対して、エーテル体と物質体に作用する力が示されました。肉体が無気力な状態に置かれました。三日三晩この状態に留まらなくてはなりませんでした――そしてその間に、エーテル体は肉体から引き離されました。秘儀参入を受ける人は、すでに支配することのできているアストラル体を、エーテル体に作用させることができるようになったのです。これが、三日間の埋葬と、聖霊に浸透されたエーテル体の復活の内実でした。そのような秘儀参入者を、ロゴス、あるいは「言葉」を賦与された人間と言いました。この「言葉」とは、アストラル体の中に組み込まれたマナス、すなわち叡智に他なりません。もしも予めアストラル体が叡智に浸透されていなかったら、叡智は決してエーテル体の中に入っていくことはできなかったでしょう。

地球にとっても同じことです。全地球がアストラル的になる以前は、叡智に浸透されることができませんでした。エジプトにおける秘儀の状態は、地球紀に直接先行するアストラル状態に相応しています。それは、叡智の宇宙です。そこには、すべての叡智が宇宙的存在たちによって組み込まれています。このすべての叡智が地球の中に組み込まれたので、太陽と月が地球から分離した後、より高次の領域からふたたび何かが組み込まれるようになります。同じ経過が、人間の中で秘儀参入に際して成就したように、大宇宙の中でも成就しました。

アストラル状態の地球は、七回、ソロモンのやり方で賢者たちに支配されました。それから、地球は外側から自身をエーテル体で包み、地上の物質を結晶化し、構成しました。そして「言葉」が、地上の物質の中に深く埋葬されました。しかし、この言葉はふたたび甦らなければならないのです。これは、ディオニュソス神話の美しい意味でもあります。

地球紀の先行者の聖なる叡智は、私たちのあらゆる地球存在の中に組み込まれています。このことを可能なかぎり深く理解しようと試みてください。各人の人間がもっているエーテル体を考えてみましょう。もしエーテル体を霊能者が見るなら、それはおよそ肉体のような形をとっています。人間が死ぬと肉体は溶解します。エーテル体も溶解します。肉体は物質界に、エーテル体は宇宙エーテルの中に溶解するのです。しかしこのエーテル体は、以前のアストラル状態においてエーテル体に移し入れられた叡智によって、人間にとっては非常に精巧に造られています。

死後、このエーテル体は飛散します。内側から造られたエーテル体だけが、生命をもち、永遠に残るのです。この修行者のエーテル体は、死後も溶解しません。今日の文明人が死ぬと、しばらくエーテル体は維持されますが、それからそのエーテル体は溶解します。修行者のエーテル体は、留まります。神界を修行者が断念するのは、修行者がアストラル界に留まり、そこで自分のエーテル体を利用することができるからです。普通の人の場合は、生まれてくるたびに、新しいエーテル体が形造られます。それが形造られるのは、神界においてです。修行者が内側から造り上げたエーテル体は、もはや失われませんが、宇宙叡智によって外側から造られたものは、ふたたび溶解します。それは、植物と動物のエーテル体についても言えます。今日の人間エーテル体は、地球がアストラル状態にあったとき、その地球に流れ込んだ宇宙的諸力から造られています。アストラル状態の地球の中に見出される叡智は、ディオニュソス神話の中に表現されています。

さて、レムリア期に濃縮化が達成されなければなりませんでした。この時期に、父の原理が組み込まれなければならなかったのです。父の原理は、地球の素材性を自由に処理できる究極の原理です。そこに組み込まれたものは、深く物質界の中に隠されつづけます。まず、聖霊がアストラル物質の中に埋め込まれました。それから、アストラル物質と結びついた霊が、エーテル物質の中に埋め込まれました。それが子です。それから、物質的な濃縮性を支配する父がきます。そのように三重の段階を踏んで大宇宙は形成されます。聖霊、子、父です。そして人間は、自身で向上するように努力しながら、聖霊から子を通って父にまでいきます。これはすべて、地球紀の進化の中で、摂理のもとに生じました。

レムリア期までの唯一の出来事は、外的進化でした。それから三位一体が、物質進化の中に入ってきました。アーリア期には、かつて成就され、段階的に繰り返されてきたことが宗教として文化の中に現れました。

私たちの時代はアーリア根幹人類期の第五亜人類期であり、その前には四つの亜人類期が先行しました。第一の亜人類期は古インド亜人類期です。この尊敬すべき古亜人類期は、聖仙たちによって導かれました。彼らについて、私たちはわずかなことしか知りません。彼らの宗教については、「ヴェーダ」によって知ることができます。聖仙たちの教えは、今日言われているよりも、はるかに偉大であり、力あるものでした。今日ヴェーダに残されている記述は、第三亜人類期に初めて成されました。聖仙たちの原宗教は、人類の神的な祖先たち、ソロモン王家のアストラル界参入者たちの偉大な伝統をもっていました。それは、地球の法則の単なる知識ではなく、この叡智を自ら創造した諸原像の教えをもたらす偉大な直観でした。この諸原像は古インドの聖仙たちの霊の中に生きていました。これが最初の宗教である、「聖霊の宗教」でした。

二番目の宗教は、西南アジアに育ちました。人々は、「子なる神」が初めて地上に影響を及ぼしたとき、このロゴスの原理を神として崇敬したのです。そのとき、子の原理の発現と同時に、別の存在たちの落下が生じました。深みの中へ他のものが突き落とされることなくして、高みへの進化はありません。鉱物界、植物界、動物界は、このように突き落とされた領界なのです。より高く進化するものは非常に重い責任をみずから背負うのです。それは大きな悲劇です。どの聖者も、おびただしい数の存在を突き落とす結果を引き起こします。もしそのような落下が起きないとしたら、進化は生じえないでしょう。人間自身がより進化するために、絶え間なく他の存在たちを突き落とさなければならないのです。もし、進化が利己心から生じたのなら、すべての進化は悪にまみれ、非道なものになるでしょう。進化は他の存在の進化のためにのみ、正当化されるのです。突き落とされたものを、ふたたび上昇させようとするもののみが、進化しうるのです。地球上に生じた進化、すでに他の宇宙体で準備された進化、エーテル体にロゴス、言葉を賦与するための進化は、地球進化に関係ある他の存在たちを突き落とすことと結びついています。この突き落とされた存在たちが、ルツィフェルなのです。

私たちは、二元論をペルシアの宗教の中に見ることができます。善の原理に並んで、悪の原理が生じました。マナスへ向かって精進する存在は、善なのです。しかしそこに、悪が対抗します。アフラマズダとアーリマンは、古代ペルシア宗教の善と悪の名前です。

第三段階は、カルディア、バビロニア、アッシリア、エジプトの時代です。その時代に、レムリア期に生じた神性の第三段階があらためて霊的に生じます。ですから、その時以来、すべての民族に、三原理、すなわち父と子と聖霊という神性の三位一体の考え方が入ってきました。第二亜人類期には、まだ神性の三位一体の考え方はありませんでした。もちろん第一亜人類期においても、まったくなかったのです。この三重構造の中で、全人類のための向上が、次第に準備されます。秘儀参入者が、その道を準備し……［原文欠落］

以上の三つの亜人類期における宗教は、大宇宙の運行の中で生じたものの反映であり、ひとつの新しい育成でした。最初に叡智、それから子、そして父が崇敬されました。叡智が、第四亜人類期、すなわちセム民族のもとで新たに輝きました。セム民族は、第三亜人類期から第四亜人類期に成長して、そこからキリスト教が生じてきました。ユダヤ民族の秘儀参入者の場合、超地上的世界において起こったこと、地球の過去のすべての成り行きが、もう一度知性の中で繰り返されるのです。そこに、低次の霊である、カーマ・マナス（自我）が成長をとげますが、そこにふたたび他の力が賦与されなければなりません。この自我への働きかけがキリスト自身であり、肉に宿った言葉なのです。

未来において、言葉が人間の中で生命あるものになり、そしてエーテル体の中で言葉が生きるようになるなら、すべての人間は、アストラル体でエーテル体を支配するようになるでしょう。未来におけるこの進化の可能性は、第四亜人類期の「肉に宿った言葉」の出現で先取りされました。エーテル体の中にロゴスが受肉されることによって、全人類はエーテルの支配権を獲得しなければなりませんでした。それは、肉に宿ったキリストの原衝動として現れました。もし人間が、子の力によって貫かれていくなら、父に到るでしょう。

さて、段階はさらに向上していかなければなりません。こうして、キリストにおいて肉の中に現れたロゴスが、次第に全人類によって達成されるでしょう。ユダヤ教の中で発展した霊の中に、高次のマナスが働きはじめなければなりませんでした。それゆえに、新しい時代が聖霊の降臨とともに始まります。その聖霊は、第六亜人類期において、今日キリスト教の中にただ暗示されているだけのキリスト原則が成就されるように、人間を導きます。「だれも、私によらず父のもとには行かない」と子は言います。子は人類に聖霊を送りました。そして聖霊が、善悪のはっきり分かれる第六亜人類期のための準備を人類にさせるのです。悪の原理の混入がなければ、人間は決してこのような衝動を起こさなかったでしょう。人間は自由意志をもたなければなりませんでした。人間の知性は、善と悪を区別することができるようになったのです。聖霊の降臨は、五旬祭に起こりました。

地球にまるで埋葬されたように、肉体の中には父が、エーテル体の中には子が、アストラル体の中には聖霊がいます。しかし、人間は「自我」を造り上げ、自意識をもつようになりました。

さて人間は、肉体にまで作用することを学ばなければなりません。未来においてはそうなるでしょう。現在の人間は、アストラル体に作用しています。その象徴は、人類の導き手であるべき人間たちの頭部に聖霊が注ぎ込まれるということですが、この聖霊を受容した人は、この聖霊に親和した存在なのです。「子」が活動を起こすことができる以前のヒュペルボレイオス期に、普遍的な神的原則が分裂して、その一部分は突き落とされ、異なった方向へ向かわなければなりませんでした。これが蛇という認識の象徴であり、ルツィフェルの原理です。ルツィフェルという霊のこの働きが、人間を自由な存在に変え、自分の衝動から善を欲することを可能にしました。偉大な聖霊降臨祭に人間に下った霊と、突き落とされ、プロメテウスの中に受肉したこの霊とは同族です。プロメテウスは、自我が将来「子」に従い、もっと後には「父」に従うように、そして今、「霊」に従うことを決意できるように、火を与えたのです。人間は、悪しき存在になることができましたが、他方、悪になることができたという犠牲によってのみ、故郷である神々の世界にふたたび導かれることができたのです。

（出典『神殿伝説と黄金伝説』国書刊行会）

付録4　物質界と元素界

一九一〇年三月二六日、ウィーンでの連続講義より

通常の意識は、眠り込む瞬間に、意識を失い、日常の印象、色、光、音などの印象がすべて、意識から消えてしまいます。意識は昼間の色などの印象の代わりに、暗黒の闇に包まれます。しかし用意をととのえて臨む秘儀参入者のように、そのときにも意識を保ちつづけることができたなら、昼間の外界の印象が消える瞬間に、周囲に暗黒だけが現れるのではなく、神智学で言う「四大の世界」（元素界）が現れてきます。

通常、元素界は、眠りに入る人には隠されていますし、目覚めても、自分の内部が外界の印象に包まれているので、それを見ることができません。けれども人が眠りに入るとき、まず私たちの魂は、マクロコスモスの第一段階であるこの元素界に入るのです。本当に意識を失わずにマクロコスモスに参入する人がこの元素界に眼を向けるとき、元素界は、私たちの環境である感覚的な知覚世界のすべてが、霊的なものの現れであり、霊的なものの流出であることを知

らせてくれます。感覚世界の背後に霊的な世界がひそんでいることを、私たちに意識させてくれるのです。

無意識の中に陥ることなく元素界を知覚できた人は、感覚世界の背後に霊的本性たちが存在していることを、もはや疑おうとはしません。感覚世界しか知覚しない限り、私たちはこの感覚的＝物質的世界の背後には、ぐるぐるまわる原子その他のいろいろな抽象的＝感覚的な事象が存在している、と夢見ていますが、元素界を知覚できた人は、ぐるぐる回転する原子のような、通常の感覚的知覚によって搾り出された素材の原子だけを問題にすることでは満足しません。色や音などの背後にひそんでいるのは、唯物論の意味での素材ではなく、霊的なものなのです。もちろんこの霊的なものは、霊界のこの第一段階である元素界においては、姿をとっては現れず、ただ日常的な印象とは異なる印象となって現れるだけです。まだ霊界の真の形姿が現れるのではなく、霊的存在たちの一種の新しいヴェールが現れるだけです。

この元素界は、古来の呼び名「地水火風」にふさわしい世界です。参入者は、元素界で見たものを、感覚世界の特性を表わす言葉で呼びました。私たちの言葉は、感覚世界のためのものですから、なんらかの言葉を用いるとき、その言葉は感覚世界の何かを指示しています。したがって神智学者は、高次の世界を述べるとき、通常の言語を用いざるをえず、元素界についても比喩的に地水火風として語るしかありません。霊的直観の内容については、少しずつでもイメージをふくらませることができるような言葉を選ぼうとします。

しかし元素界について語るのなら、日常生活の中で私たちを取り巻いている事物を表わす言葉ではなく、諸事物の特性を表わす言葉を選ぶのでなければなりません。

日常生活の中には、固形状のものがあります。流動状のもの、空気状、ガス状のものもあります。さらに事物の表面や空気の流れ（風）に熱さを感じます。ですから、周囲の事物には、固形状の、流動状の、ガス状の状態、そして熱の状態があります。これらは外界の諸事物の特性です。外界の諸事物は、氷のように固まっていたり、水のように流れていたり、またその水が気化してガス状になったりします。そしてこれら三つの状態は、それぞれ熱に貫かれています。外界のどんな事物も、基本的にはこのような状態にあります。

そこで元素界なのですが、そこには感覚界におけるような対象は存在していないにもかかわらず、感覚界におけるのと同じ「特性」が存在しているのです。そこには、私たちの理解ではとうてい歯が立たないような存在の在り方が現れます。それを考察するには、その事象の周りを廻らなければなりません。その事象は、少なくとも外界の諸事物と同じように、まだ内側と外側をもっているので、そこから考察を始めることができます。

元素界のそのような事象のひとつは、「地」と呼ばれます。元素界の別の事象は、「水」と呼ばれます。感覚世界での流動物のための言葉を使っているのですが、この事象の場合は、或る程度まで元素界の内部にまで洞察を深められる、という印象をもちます。そしてまた、ちょうど、水の中に手をひたすことができるように、あとで述べる或る種の感覚を通して、その事象の内部にまでひたることができる、という印象をもつことができます。

「地」の事象の場合には、抵抗するものがありますが、一方「水」の事象の場合は、その中にひたることができるので、元素界における「水」と呼ばれるのです。神智学の文献で、地と水と呼ばれるものは、今述べた意味での地と水であって、物質界の水や地のことではありません。物質界の水は、霊的進化のこの段階で見る事象の外的な現れです。元素界を貫通して流れている水は、もちろん物質を対象とする感覚ではなく、霊的な知覚力だけによって把握できるのです。

次に物質界でのガス体、空気体と比較できる元素界における「空気」と熱もしくは「火」と呼ばれるものがあります。元素界の火について語るときには、物質界の火がその比喩にすぎないことを知っていなければなりませんが、元素界の火の場合は、他の三つの状態よりも説明するのが容易です。元素界の他の三つの状態の場合、物質界の水、空気、地はこの三つの状態の比喩にすぎない、としか説明できません。

元素界の火は、もっと容易に説明できます。なぜなら、誰でも外界の火と並んで、魂の熱を知っているからです。たとえば、誰でも愛する人と一緒にいるときに知覚する、あの独特な熱を知っています。魂の中に注がれる熱、熱狂状態のときのあの熱さは、もちろん指にやけどを生じさせる物質界の火ではありません。しかし日常生活においても、物質界の火がこの魂の火の比喩である、と感じることができます。私たちを捉えて、何かに熱狂させる魂の火と、指をやけどさせる外界の火との中間のものを考えてみてください。そうすれば、元素界の火がイメージできます。元素界におけるこの火の働きを秘儀参入者が感じるとき、あたかも内的に燃え立たせ、内的に熱を浸透させるようなものが内から流れ込んでくるかのように感じます。元素界の別のところは、あまり火に充たされていないような印象を受けます。もちろん、火を引き起こす存在の中に自分が入り込んでいると感じることもできます。自分がその火と一つになっている、と感じることができたなら、自分の内なる火を元素界の本性たちの火であると感じているのです。

ですから、高次の世界に参入すると、これまでの感覚世界では知らなかったような経験をします。通常の意識で眠りに入るときは、元素界の門が閉じられています。そうでなければならないのです。なぜなら、すでに述べたように、人は元素界の中にまったく流れ込んでしまうのですから。

自分の本性をこの世界の中へ担っていくとき、もちろん人は、自分の自我を失っています。自我が元素界の上に注ぎ込まれています。しかし自我でないアストラル的な本性、自分の真理感覚や虚偽感覚、あれこれの欲望、あれこれの情熱というような魂的特性をも元素界の中へもち込みます。一方、日常生活における自我は、私たちを統御して、アストラル体の中に秩序と調和をもたらしています。

自我が失われますと、あらゆる種類の欲望、衝動、情熱が無秩序なまま、元素界の存在たちの中にもち込まれます。人は外で体験するすべてを自分に浸透させるだけでなく、魂の中の働きを元素界の存在たちの中に浸透させます。たとえば自分の悪しき性格を元素界の存在（四大存在）のところへもっていくのです。ですから特別悪しき特性をもっている人は、その特性に惹きつけられるような元素界存在に取り込まれます。自我の失われた人がマクロコスモスに参入すると、自分の全アストラル存在を、元素界の悪しき本性たちの中に流し込むのです。そしてその結果、このような悪しき本性たちと結びつき、その上人間はこの本性たちよりも弱い存在なのですから――この本性たちに支配された人間は、自我を失っていますし、この本性たちは強力な自我をもっています――自我はこの本性たちに自分の特性を養分として提供し、その代わりに、この本性たちから悪しき意味での報酬を受けとります。人はこの本性たちに自分のアストラル体の養分を与え、この本性たちは人間に、毎朝物質界に戻るとき、目覚める自我のために、彼らの特性を贈るのです。こうして人間の悪への傾向が強められるのです。

ですから、元素界の中へ意識して参入する代わりに、気を失ってしまうというのは、天の配剤なのです。古代の秘儀においては、すでに述べたような仕方で、導師の助手たちが協力し、参入者は、自我を喪失することなく霊界へ赴くのですが、そのためには、あらかじめ念入りに準備しなければなりませんでした。その準備は、道徳的な克己力を身につけるためのきびしい試練を受ける、ということでした。同じように、神秘家の場合にも、特に謙虚であることが求められました。

マクロコスモスに参入しようとする者には、克己心を身につけることが特に求められ、肉体においても、あらゆる種類の試練に耐えられるかどうかが試されました。さまざまな危険を乗り越えることで、強い魂を身につけるのです。そして悪しき本性たちが立ち向かってきたとき、誘惑されずに、それらを退けることができるだけの強さをもてるように準備されたのです。大胆さと克己心が特に求められました。

ここでもう一度繰り返しますが、こういう秘儀の内容におそれを抱く必要はまったくありません。なぜなら、こんなことは、現在ではもはや行なわれていないからです。他の道を歩むことがいろいろ可能ですから、もはやそういうことは必要ないのです。しかしマクロコスモスに参入するために、かつて非常に多くの人たちが為し遂げたことをここで最初に述べておくことは、秘儀参入の近代的な道の及ぶ範囲をよりよく理解させてくれるでしょう。

さて、外界において知覚する地水火風のすべてが、背後に存在する霊的本性たちの現れであると悟り、元素界の事情に通じるようになりますと、その人は元素界の背後にいる存在が、どんな姿をしているかを知る段階に達します。本来の霊界に達するのです。

一定期間、元素界を知り、その中で区別することを学んだ人は、元素界の背後に――これは秘儀参入者たちの体験を述べているのですが――感覚界と元素界の背後に、真の霊的本性たちがいるのを体験します。しかしこの本性たちは、私たちのよく知っている人間とはまったく似ていません。地上の人間は社会秩序の下で共同生活をいとなんでいます。或る部分はより不完全な、別の部分はより完成された、あれこれの社会状況の中で、生きています。一方、霊界でも、もちろん肉体をもたぬ霊的本性たちが、互いに関係を結んで生きていますが、その関係は別の秩序と調和を示しています。そして秘儀参入者は、星の世界が、特に太陽系諸惑星の運動が霊的本性たちの行為の外的な表現であると思えたときにのみ、霊界のこの秩序と調和を理解することができるのです。つまり、霊界の本性たちの行為は、太陽に対する惑星たちの関係、惑星相互の関係、その運行と位相とによって表現されるようなものなのです。

先程は、太陽系を時計であるかのように考察したらどうなるか、と述べました。針の位置から現実的な何かの推移を推測することができるように、星と星との関係を、宇宙時計として見るのです。時計を見る人は、今何時であるかを知ろうとして時計を見るのですから、もちろん文字盤上の針の位置そのものには関心をもちません。針の位置が世界の時間の経過を示していることに関心をもつのです。今ウィーンで起こっている事柄の前後関係、そこでの一日の経過が、時計の針によって示されるのです。会社に勤めている人は、時計を見て、もう出かけるときかどうかを決めます。針の位置は、その背後にある事柄の表現なのです。そのように、太陽系の星の位置は、その背後の霊的事象や霊的本性の表現なのです。

今述べた秘儀参入の段階に立つ参入者が、背後に存する霊的本性や霊的事象を知るようになりますと、霊的本性のために、太陽系の秩序に由来する名称を用いる必要が理解できるようになります。それによって霊界を外的に暗示することができるからです。元素界を暗示するためには、周囲の事物の特性を、つまり地、水、火、風という特性を用います。しかし霊界のためには、別の比喩が必要です。それは天上の星々から取り出された比喩です。

このように、時計の比較は、決して馬鹿げた比喩ではありません。太陽系の星々をその背後の黄道十二宮に関係づけて、霊的な事象は太陽系における惑星の運行と比較し、霊的な本性は黄道十二宮と比較するのです。

外なる空間に黄道十二宮と惑星の運行とを見るとき、或る惑星はこの星座に、別の惑星は別の星座に位置していると見てとるとき、このことを霊的な本性たちの本当の行為であると受けとめなければなりません。黄道十二宮を霊的な本性そのものであると見なければなりません。そうすれば、こういう比喩によって、霊界で生じる事柄を大雑把ながら理解できるのです。太陽系の中に七つの惑星が区別でき、その背後に十二の星座が静かに位置しているように、霊界においても、十二の本性と、その本性たちがそこで演じる事象とが見られます。ただこのような仕方でのみ、霊界を正しく表現できます。元素界の背後に立つあの世界をです。黄道十二宮を思い浮かべるのではなく、十二の本性を、本性の種類を、そして惑星だけでなく、霊的な事象をも思い浮かべてください。

（出典『マクロコスモスとミクロコスモス』*Makrokosmos und Mikrokosmos*）

訳者あとがき

本書の原題は『霊界のヒエラルキアと物質界におけるその反映――黄道獣帯、惑星、宇宙』という。デュッセルドルフにおける一九〇九年四月一二日から一八日までの全一〇回の連続講義である。ヒエラルキアという言葉は、ギリシア語のヒエロス（聖なる）とアルケ（支配）の合成語で、「聖なるものの支配」の意味から、祭司の位階の意味に用いられたが、五世紀から六世紀にかけて、新約聖書の「使徒行伝」（一七章三四）に出てくる使徒パウロの弟子、ディオニュシウス・アレオパギタの著書とされる『天上と教会のヒエラルキアについて』が世に現れ、天使のヒエラルキアを論じた秘儀公開の書として、ダンテの『神曲』にも影響を与えるほどに、中世キリスト教世界の天上界のイメージを決定づける役割を果たした。

本書でのシュタイナーは、このヒエラルキア論をふまえて、非常に具体的な仕方で、至高の神的存在から人間にいたるまでのヒエラルキアと、その物質的な表現としての黄道十二宮や太陽系惑星を取り上げ、宇宙の全体的な関連を目が眩むほどの高みから展望している。その内容のあまりの途方もなさに茫然自失の思いを禁じえないが、読み進むうちに、著者シュタイナーの非常に真剣な問題への取り組み方が、特に宇宙における人間のかけがえのない役割を論じたあたりを読むと、熱となって伝わってくる。何か決定的な思いが著者の心を衝き動かしているように思える。

冒頭に記したように、本書は一九〇九年に行なわれた講義の記録であるが、そのずっと後の一九一七年になってシュタイナーは、「宇宙の変容と人間の変容」と題した講義の中で次のように述べている。「人類が現在行なっているさまざまな行為は、地上におけるキリスト精神の発露からまったくかけ離れています。けれども人びとが魂を開いてさえいれば、その魂にとって、キリストはごく身近なところにまで来ているのです。ほぼ一九〇九年頃から、来るべき事柄の準備が明らかに始まっています。私たちは明らかに、一九〇九年以来、内的にまったく特別の時代の中を生きているのです。現在は、もし求めようとするなら、キリストのすぐそばにいることが可能です。以前の時代における場合とはまったく違った仕方で、キリストを見出すことが可能なのです」

H・P・ブラヴァツキーの創始した近代神智学は、思想運動としては、ヨーロッパのキリスト教の立場に立たずに、キリスト教世界によって植民地化されつつあった世界の先住民の宗教を守ろうとする姿勢を貫いている。したがってブラヴァツキーの『秘密教義』以来、神智学は基本用語をサンスクリットから取り出してきた。本書の付録1でも分かるように、シュタイナーも始めはこれに従っており、ヒエラルキアを、ディオニュシウス・アレオパギタの九段階ではなく、ブラヴァツキーの七段階で説明しようとしている。ところが、ブラヴァツキーの後継者にあたるアニー・べザントがインドの少年クリシュナムルティの世にも稀な、美しいオーラを見、そこから始まった「東方の星」運動が進むのと並行して、シュタイナーは自分の課題が、欧米諸国に東洋の叡智を再認識させることではなく、ヨーロッパ文化を内部から甦らせることにある、という思いを強め、東洋の叡智の語る宇宙観と同じ宇宙観を、ヨーロッパの概念によって新しく構築しようとした。その作業の代表的な例が、『ヨハネ福音書講義』（邦訳春秋社）をはじめとする聖書論であり、本書なのである。

本書の第一講には、彼のこの基本姿勢が次のようにはっきりと述べられている。「このようにして（ブラヴァツキーによって）、いわば氷が砕かれたあとで、西方のオカルティズムを語ることのできる時代が到来しました。とはいえ、西方のオカルティズムとは、東方のオカルティズムのことに他なりません。……両者の間に相違があるとすれば、その相違は、西方の叡智が東方のすべての教義、すべての叡智、すべての認識を残りなく学び取らねばならず、そして何ひとつ失うことなく、キリスト衝動が人類の中に点火した光で、それを照らし出さねばならない、という課題をもっていることにあります」

なお、原書には別に付録として、二回に亙る短い質疑応答が収められているが、あまりにも簡単な要約になりすぎていて読者の参考にはならず、むしろ疑問を増すことになりかねないと思い、あえて省略し、その代わりに長文の付録を四篇付け加えた。

付録の第一は、ブラヴァツキーの立場からのシュタイナーのヒエラルキア論、第二はディオニュシウス・アレオパギタの側への移行期のシュタイナーのヒエラルキア論である。ヒエラルキア論の中で特に注目すべきなのは、次の点であろう。ブラヴァツキーの場合、たとえば『秘密教義』第一部五章で述べているように、大乗仏教の観点に立って、ニルマーナカーヤ（変化身、応身）が「この世のために働くべく、みずから地上に受肉してくる霊的存在」であると説明され、七段階のヒエラルキア、つまり、(1)四大存在、(2)カーマローカの人間と動物、(3)人間、(4)菩薩、(5)応身、(6)神々、(7)高次の神々が、ちょうど七重の塔のように、下からの上昇と上からの下降の相互関係としてイメージされている。それに対して、シュタイナーの記述の仕方は、もっぱら下から上への上昇衝動が強調されているような印象を受ける。しかし、よく読むとそうではなく、付録2の最後で強調されているように、受ける側と与える側の相互のダイナミックな関係の中で宇宙が発展していく姿を示すことが、シュタイナーの場合にも、宇宙論の基本的なモティーフになっている。

付録の第三は、三位一体をめぐるシュタイナーの秘教講義からの一文である。付録2の中に述べられているように、セラフィームの上に立つ至高の神的存在たちのことは、「あまりに崇高であり、人間の把握能力では、到底理解が及ばない」として、あえて他の講義でも触れられていないが、本書の第五講では、セラフィームを取りまくそのような神的存在たち、または根源の宇宙叡智が、「ブラフマとシヴァとヴィシュヌ」もしくは「父と子と聖霊」の三位一体という言葉で指示されているにもかかわらず、三位一体についてはそれ以上の説明がなされていない。したがって、三位一体についてあらためて考える上での参考として付け加えた。なお、第五講九二頁以降の「宇宙叡智」という訳語は、原書ではすべて「三位一体」となっている。「三位一体《トリニテート》」をあえて「根源の宇宙叡智」と訳したのは、第五講で述べられている三位一体が第一講の根源の宇宙叡智と同じ内容を指示している、と訳者が受けとったからであるが、そのことの是非を読者に判断していただきたいために、シュタイナーの代表的な三位一体論を付録の中に付け加えた。シュタイナーには他に『三位一体の秘密』という連続講義があるが、そこに述べられている内容も本質的には付録3の内容と変わりはない。すなわち、父の原理は物質界に、子の原理はエーテル界に、聖霊はアストラル界に関連づけられ、さらに人間の霊的本性である霊人、生命霊、霊我に関連づけられている。

付録4は、第八講との関連で付け加えた。第八講の土星、木星、火星等についての記述は、もし火（熱）、風（空気）、水、地などを物質として受け取るなら、到底納得できる内容ではないが、ここに述べられているのは重力から自由な元素界の地水火風である。そこで、この部分の記述を一層掘り下げて理解することができるように、元素界についてのシュタイナーの代表的な記述のひとつを選んでここに加えた。

最後に、本書の編集を担当していただいた春秋社の鹿子木大士郎氏に感謝します。

高橋　巖

一九九八年一一月二三日　町田にて

◆訳者紹介

高橋　巖　Iwao Takahashi

東京、代々木に生まれる。慶應義塾大学文学部大学院修了後、ドイツに留学。ミュンヘンでドイツ・ロマン派美学を学ぶなか、シュタイナー思想に出会う。1973年まで慶應義塾大学で教鞭をとる（美学・西洋美術史を担当）。1985年、日本人智学協会を設立。著書に『神秘学講義』（角川書店）、『シュタイナー哲学入門』（岩波書店）、『シュタイナー教育入門』（亜紀書房）、『シュタイナーの人生論』（春秋社）ほか、訳書に『シュタイナー・コレクション』全７巻（筑摩書房）、『秘教講義』（１～４、春秋社）ほか。2024年３月30日、逝去。

シュタイナー　霊的宇宙論
―― 霊界のヒエラルキアと物質界におけるその反映

1998年12月20日　初　版第１刷発行
2024年９月30日　新装版第１刷発行

著　者＝ルドルフ・シュタイナー
訳　者＝高橋　巖
発行者＝小林公二
発行所＝株式会社春秋社
〒101-0021　東京都千代田区外神田2-18-6
電話　(03)3255-9611（営業）(03)3255-9614（編集）
振替　00180-6-24861
https://www.shunjusha.co.jp/
印刷所＝株式会社丸井工文社
製本所＝ナショナル製本協同組合
装　幀＝本田　進

2024©ISBN978-4-393-32235-2 C0011　　Printed in Japan
定価はカバーに表示してあります